超幻聴妄想かるた

新澤克憲＋就労継続支援B型事業所ハーモニー

消火器

センター

OPEN
TIMER/TV

新装開店
OPEN

はじめに

世界の見え方は人それぞれです。5月のある水曜日の朝、ビルの2階にあるハーモニーへと外階段を上っていくと、利用者の1人、森田さんが困惑した表情で降りてきます。ここがね、と胸の真ん中を指差します。身体の中から聞こえる声が、森田さんに「帰れ」と語りかけるので、彼はハーモニーに到着したばかりにもかかわらず家に帰るのだ、と言います。私は森田さんの肩をポンと叩き、ハーモニーの中へと入っていきました。

ハーモニーに集う人たちの毎日は、長い付き合いの私にも不可解に思える事柄に満ちています。それが幻覚や妄想と呼ばれようとも、それぞれがそれぞれの現実の中で、同じ今を生きているということ。私にはそれがちょっとした奇跡のように思えることがあります。

「幻聴妄想かるた」（＊）はメンバー（利用者のこと）たちの日々の生活を題材とした、私たちハーモニーのオリジナルかるたです。週に一度のミーティングで語られた日々のエピソードを集め、絵を描きます。当初は「幻聴」や「妄想」といった精神疾患の症状を題材にしたものが多く、ネーミングの由来にもなったのですが、2作目からはメンバーたちの日々の生活から想を得たものも多くあります。

本作は、シリーズ3作目。時の経過と共にスタッフ、メンバーも入れ替わり、新しく入った人たちのエピソードや今はいない人のことも加えることにしました。かるたはハーモニーの主力商品でもあるので、手にした人たちにどうやったら楽しんでいただけるか、編集チームとも相談し、今回初めてメンバーたちが絵札の色付けにも挑戦しました。

近年、ハーモニーのメンバーのかるたを披露するだけでなく、イベント参加者や学生たちが、自分のかるた札を描くワークショップ「つくってみようみんなのかるた」を行っています。そこで描かれたかるたはそれぞれに素晴らしく、描き手一人ひとりの心の波動を感じるものでした。

人は心という愛おしくも厄介なものに、突き動かされ、振り回され、戸惑い、それぞれの工夫や人とのつながりに救われるのではないか。ハーモニーの「幻聴妄想かるた」も、参加者がワークショップで描く札も、地続きのものであると私には思えました。そこで、今回の『超・幻聴妄想かるた』には、「つくってみようみんなのかるた」も加えることにしたのです。

さらに、本作では詩人であり詩業家でもある上田假奈代《うえだかなよ》さんをお招きして開催したワークショップで参加者の方々がつくった札も紹介しています。その場に集まった人たちの合作によってつくられた札。これは「幻聴妄想かるた」の展開では初めての試みです。

障害／健常、病／健康、異常／正常、といった境界を見つめながら、それでも、境界を「超えて」、一人ひとりの「人」として出会える場所を一緒に探してみませんかという願いをこめて『超・幻聴妄想かるた』と名づけました。

さて、ハーモニーに出勤した私は、胸の中から声が聞こえてハーモニーと家の往復をしている森田さんが、声と折り合いをつけて戻ってくるまで、仕事をしながら待つことにしました。

このたびは『超・幻聴妄想かるた』を手に取っていただき、ありがとうございました。もし、気にいっていただけるようでしたら、隣にいるかもしれない、ちょっと感じ方の違った人に訪れる朝を想像していただければ幸いです。

新澤克憲

＊本書では、出版・発売されたものを『幻聴妄想かるた』等と表記し、制作やプロジェクトを含めた一連の活動を指す場合には「幻聴妄想かるた」と表記する。

目次

〔コラム〕私とハーモニー①〜⑤
うたかたの日々――戸島有貴子（ハーモニー職員）100
「幻聴妄想かるた」と「すまいるかるた」――六車由実（デイサービスすまいるほーむ管理者）107
複数の現実を取り戻す――深澤孝史（美術家）124
線引きを薄くし混在させる、居心地の良さ――黒瀬憲司（ハーモニー職員）134
苦痛やつらさはサンショウウオとなって――雨貝覚樹（高野山真言宗僧侶）147
〔写真〕妄想と希望の炒め物をめしあがれ――齋藤陽道 2／73／113／153
〔対談〕みんなの誰にも言えない話をかるたにする――上田假奈代（詩人・詩業家）×新澤克憲 160
〔寄稿〕和気あいあいの他人事――伊藤亜紗（美学者）169
おわりに――新澤克憲 174

集うこと、語ること、生きること

——ハーモニーと「幻聴妄想かるた」

新澤克憲

1．いたずらに評価しない、評価されない場所

ハーモニー開所

１９９４年の冬。私は学生時代から８年間関わってきた重度心身障害者施設での仕事を辞め、以前から関心のあった木工の専門校に通いながら次の仕事を探していました。木工が生かせる福祉の仕事はなく、思うようにならないなか、とあるクリスマス会に参加したことがきっかけで、新しい作業所の立ち上げに誘われました。名前はすでに「ハーモニー」と決まっていて、精神障害のある人たちの作業所だと聞かされました。

「作業所（＊１）」というのは障害当事者の社会参加のために、親御さんなどがつくった場所が起源だと言われています。自治体からの補助金が出るようになり、１９７０年代になって全国で活動が広がりましたが、資金面はまだ十分ではありませんでした。地域のボランティア団体が東京都世田谷区に申請し、施設長の成り手を探していたところに偶然私がいたのです。

精神科の患者さんたちの通う作業所には、友人が勤めていたこともあって興味がありました。友人の勤務先は、靴を脱いで上がる板の間の喫茶店をやっていて、あまりお客さんも来ないのでみ

んなタバコを吸いながらゴロゴロしているということ。拾ってきた石を「ただの石」として100円で売ったりしていると聞きました。ゴロゴロして、石を売っている。つげ義春のマンガのような世界を想像したらワクワクして、ちょっとばかり覗いてみたい気がしました。

求職中で時間だけは豊富にあったので、精神病院がどんなところか見に行くことにしました。世田谷区には都立の松沢病院という、大きな精神病院があります。その外来棟の前のベンチに一日座ってみました。巨大な病院でした。東京ドーム四つ分にもなる広い敷地いっぱいに1~2階建ての小さな入院病棟が無数に散在し、それをつなぐ渡り廊下を、荷台を引いた黄色い小さな運搬車が走り回っていました。敷地内には池や林があって、迷い込むと帰って来られないような気がして、奥へ進んでいくのに躊躇《ちゅうちょ》しました。

私が座っていたベンチは喫煙所も兼ねていたようで、寒空の下、患者さんたちにライターの火を貸したり、天気の話をしてみたりしたのでした。寒い一日、灰皿の前で患者さんたちとどんな言葉を交わしたか、記憶も曖昧ですが、彼らと話しているととても気楽になれたこと、精神障害の作業所のスタッフも悪くないと考えたことは確かです。なにもわからないまま、ハーモニーの施設長を引き受けることにしました。その時は、二十数年後もここに通院の同行や退院の支援のために通っているとは思いもしませんでした。

専門校で学び、少し木工ができたのと、介護をしていた前職の経験を生かし、ハーモニーは、家具をつくり、精神疾患と身体障害の両方がある人でも来られる作業所としてスタートさせることにしました。当初の利用者は10人、常勤スタッフは2人。振り返ると、私は障害をめぐる大きな制度の転換期にこの仕事を始めたようでした。

＊1 作業所 ……「共同作業所」「小規模作業所」などとも呼ばれ、さまざまな障害のある人たちが集い、活動する通所施設。日本における最初の作業所は1950年代、「精神薄弱児育成会（別名・手をつなぐ親の会）」によって開設されたものだと言われており、行政の補助が行われ、1970年代から全国に広がる。企業から請け負う内職作業から食品製造、リサイクルショップや喫茶店、弁当づくりなど、幅広い活動が行われ、工賃（対価）の生じる「作業」だけでなく、レクリエーションや運動、創作活動、日常的な相談など、利用者の社会参加と生活全般に関わる支援をする施設も多い。世田谷区は施設の借り上げ費用や昼食費補助など全国的にみても高水準の補助を行っており、最も多い時で20カ所以上の精神障害者共同作業所があった。

小さな居場所としての船出

こうしてハーモニーは1995年の春、世田谷の弦巻《つるまき》にオープンしました。借りたのは、大きな竹林に囲まれた坂道のはずれにある雑居ビル。駅からは20分離れた住宅街のなかにありました。以前は機械の卸売をやっていたそのビルの1階をリサイクルショップと台所兼食堂、地下1階をスタッフルームと倉庫と木工場にしました。あまり売れない店舗と、たまに注文の入る家具づくりが数少ない活動でした。しばらくは水曜と日曜を休みにして、それ以外の日の9時半から16時半に開所しました。

オープン当初、ハーモニーには保健師や御家族に紹介された10人ほどの利用者（以下、メンバーと呼びます）たちが集まりました。診断名は精神分裂病（現在の統合失調症）が大半で、うつ病や脳梗塞の後遺症で幻聴が聞こえる人などもいました。精神科や心療内科を受診しているという共通点だけで、年齢も趣味や経験も、何もかもが異なる人たちです。地域のボランティア団体の協力でリサイクルショップをやっていましたが、まずは、お互いを知ることが大事だと考えたので、ほとんどの時間をしゃべったり、食事したり、カラオケをしたり。天気が良いとビルの前でキャッチボールやバドミントンをして過ごしました。リサイクルショップにお客が来なければ、食事を挟んで延々と10時から16時まで話しこんでいました。

現在もそうですが、精神科の患者さんたちは入院期間が長かったり、退院しても精神疾患に対する世の中の偏見もあって、発病前と同じ生活に戻るのは大変でした。また発病という一大事を通過し、治療が始まってもエネルギーが枯渇して、外に出ることが難しくなる場合も少なくありません。精神的な病気は社会とのつながりを切ってしまうのです。「家族とも職場とも絶縁して部屋に籠り、外に出られないので2年間宅配ピザを食べて100キロを超えたの」と、あるメンバーが話してくれました。メンバーの多くが発病を境に学業や仕事、人間関係がうまくいかなくなった経験をもっていました。上の年代では、離婚や勘当といった不本意な家族との離別を経た人も少なくありません。つらい時期を独りで持ちこたえてきた人たちでした。

独りでは事態を乗り切るのが難しくなった時、求めるのはどんな場所なんだろうと考えましたが、よくわかりませんでした。あまり大きな風呂敷を広げるのも自信がないので「まあ、とりあえず来てみたら」という気持ちを込めて最初のハーモニーのチラシには「いたずらに人を評価しない場所、人に評価されない場所です」と書きました。「よい評価も悪い評価もしないから、楽にお過ごしください。『評価』にまつわる人と人の非対称的な関係は、やめておきましょう」というささやかなメッセージでした。

リサイクルショップとして地域と関わりをつくっていく

当時はリサイクルブーム。週末にはあちこちの公園でフリーマーケットが開かれ、町には食器、古着、家具を並べたリサイクルショップが数多くあった時代です。朝出勤するとシャッターの前に近所の人が持ってきた食器や古着が並べてありました。それに値札をつけて棚に収めると「何か、新しいものない？」とやってきたご近所の方が買っていく。そんな呑気な商売でした。幸い、あまり流行らなかったので、だいたい暇でした。中野からやってきたメンバーAさんが落書きで描いた「丸出だめ夫」が店のキャラクターになり、Aさんは店先で自作の曲を歌いました。8小節のブルースで「ハーモニーは儲《もう》かる、いつか、きっと儲かる」と繰り返すお経のような歌でした。

そんな私たちに近所の人たちは興味を持ってくれたのか、お向かいの家の奥さんは毎日、ハーモニーの店先の植木鉢にホースで水やりをして、ついでにリサイクルの品物をいくつも買ってくれました。右隣のマンションの管理人さんは、とよこさん（70頁）と仲良しで、朝早くからやってきた彼女をハーモニーが開くまでの間、管理人室に招きいれてくれました。そのうえ何年かすると近所のアルバイトを彼女に紹介してくれました。左隣のクリーニング屋さんは、毎日、店の前の自販機でBさんが飲む缶コーラの本数を数えていて、「今日は7本買ってたわよ」と教えに来てくれました。とよこさんはこの奥さんとも親しくて、ずいぶん後になって奥さんが病に倒れた時「とよこさんに会いたい」と言うので、私ととよこさんはお見舞いに行きました。駐車場でフリーマーケットをしたり、近所の団地へ行商に行ったり、あまり売れないリサイクルショップとして、少しずつ地域に溶け込んでいったように思います。

食事を大切にしたいわけ

現在もそうですが、開所日はレクリエーションで出かける日以外、ほぼ毎日、施設の厨房で昼食をつくっています。当時は区の補助があり、メンバーは食事をするのに金銭的な負担はありませんでした。ボランティアやスタッフがその日の人数に従って食材を買ってきて、調理をします。

自炊が得意でなかったり、経済的な問題で食費がないメンバーに、1日1回、栄養のバランスを考えたものをという狙いもあるのですが、ハーモニーに来る人たちの敷居を低くする工夫の一つでもありました。「ご飯を食べに行く」。これはこれで立派な目的になります。作業や人づきあいが苦手で、ハーモニーに行くのが億劫《おっくう》な人でも「今日はハーモニーでご飯食べよう」と、食事を楽しみにすることが足を運ぶ後押しになる。それがハーモニーのランチです。

ある時スタッフが「ご飯を食べている間は、その場にいられる」と話してくれました。「自分の身の置き所がなくても、その場に馴染めなくても、ご飯を食べてる間だけは人は追い出されないでしょう」と。なるほど、と納得した記憶があります。

やってきた人たち

開所した頃から個性豊かなメンバーが揃っていました。よく「幻聴妄想かるた」をつくるような施設の人は、一日中、頭を抱えて闘病生活を送っているに違いないと思われるのですが、それは誤解です。ラッシュの電車に乗って、ハーモニーに来て仲間に会って、興味があれば活動に参加して、ご飯を食べて、帰りにコンビニで買い物して、洗濯してゴミ出しして、薬を飲んで寝る。そんな毎日を過ごしている人たちが大半です。人生のある時期に精神病の発症という一大事を体験し、症状が今も残っている人もいるけれど、治療を継続しながら、なんとかやり過ごしているのです。当初のメンバーを何人かご紹介しましょう（呼び名は一部、仮名です）。

目の不自由な2人の方がいました。髭のCさんは全盲の元マッサージ師さん。よく小さな声で「うるさい」と独り言を言っていました。聞くと鼻の奥に小人がいるというのです。小人はずっとそこに住んでいて、自分の悪口を言ったり、指示されたりするそう。「幻聴ですか？」と聞いてみたら、「小人だよ」と教えてくれました。もう1人は70代となった今もお達者なミチコさん（＊2）。「トイレのなかで『殺すぞー！』と知らない人の声が聞こえて怖いのよ」と話してくれました。こんな話をすると、とても病状の良くない人に聞こえますが、私との会話は穏やかで、2人とも「声」の話を、どこかお天気の話をするみたいに教えてくれるのです。

ジュリアンさんは、音楽好き。ジャズやソウルミュージックを一日中聞いています。でも時々「頭のなかに機械（発信器）を埋め込まれて、その機械から自分の個人情報や考えが漏えいしている」と訴えていました。そういう時は「俺の頭のなかをのぞいて笑ってるんだろう！」と怒っていました。

シュウボウさん（69頁）の部屋は箪笥《たんす》がありませんでした。畳一面に脱ぎ散らかした服が散乱していて5センチほど堆積した衣類の上で訪ねて来た私に麦茶をふるまってくれました。鍵穴のなかで鍵が折れてしまった後はドアが開けっ放しで、訪ねると主の姿がなくてもいつも誰かがいました。

何もないので、こたつやエアコンをみんなで持ち込みました。

＊2 ミチコさん …… 現在も介護保険のデイサービスと併用してハーモニーにも来てくれているハーモニーのアイドル。『幻聴妄想かるた』にある「いつのまにか ご飯の食べ方が わからなくなった」はミチコさんの札。

共に過ごす日々のなかで

精神障害の当事者が「幻覚（＊3）」や「妄想」について語り始めたら受け流した方がいい。それが精神障害の現場での常識的な考え方でした。しかし、私はそれがうまくできませんでした。例えばCさんが「朝から鼻のなかの小人がバカっていうんだよ」と話しかけてくれたとして、内容はともかく、何よりもそれが私に向けて語られている。私に何を伝えようとしているのだろうか。私の心にどんな痕跡を残し、感情の波を送りたいのかな。そんなふうに聞いてしまうのです。

メンバーの大仏さん（69頁）はよく話しに来ます。「世の中の人は、僕のことをロックフェラーの息子だと褒めたたえるんだけど、現実の僕はこんなにもお金がなくて苦労している。誰か僕の間違った噂を流しているのかな。僕の妄想なんだろうか。妄想だよね。でもホントかな」。私は「もし、そうだったらいいけれど、そういう噂は聞いたことはないよ」と、とりあえず答えます。「自分をロックフェラーの息子だと噂する人が絶えない現実」と「お金がなくて苦労している現実」。大仏さんは分かれてしまった二つの現実に何年も当惑しながら、時々、私に確認をとりながら、暮らしているように思えます。

幻覚や妄想を持った人は、二つの世界に生きているようにも感じられます。一つは幻覚や妄想の世界。もう一つは、私も日常だと感じている了解可能な世界です。時々、その二つの世界を両立できている人に出会うこともありますが、幸運な例ではないでしょうか。幻聴と話しながら40年にわたり無事故無違反で仕事を続けているタクシーの運転手さんにお会いしたことがあります。幻聴に相談しながら運転をするそうですが、「幻聴は幻聴だからねえ」と笑っておられました。

誰でも対人関係のトラブルや過労、不眠など、日々の出来事や体調の変化が心に波紋をもたらします。メンバーたちも同じです。普段は折り合いがとれていても、そんなストレスが引き金になって、不安、幻覚、妄想が酷《ひど》くなります。そんな時は日常のトラブルと症状が二重の苦しみとなって本人を脅《おびや》かします。逆に日々の生活が穏やかで十分な休養がとれている時は、仮に幻覚や妄想があったとしても、余裕をもってやり過ごすこともできるように感じられます。小動物たちと、時々会話をしているえつこさん（68頁）ならば、動物たちに「今日もがんばりましょうね」と語りかけたり、闇の組織にいつも監視されているらしい田中さん（70頁）ならば、いつもと通勤経路を替えて「闇の組織を出し抜いてきたぜ」と笑ってみたりすることもできます。

幻覚や妄想は、病気が関連していることが多いけれど、日々の出来事や環境の影響を大きく受けているというのが私の考えです。安心して過ごせる場があったり、周囲との関係が良くなると、幻覚や妄想と余裕を持って付き合っていけるように感じます。逆に、「孤立」は症状を悪化させます。病を持つ者が体験を語り合える場は多くありません。支援の専門家を相手にしても、下手なことを言うと「病状悪化」と判断され「先生に相談しなさい」と言われて薬の量が増えたりするのです。その結果、当事者は幻覚や妄想の話をしたり、苦しむ心の内を誰にも知らせることができなくなってしまいます。とはいえ過度の干渉も禁物です。当人はすでに、自分のなかで起きていることに振り回され、混乱し疲れ切っていることも多いので、休養や1人でぼんやりと過ごす時間も大事なのです。

2001年、大手の安売り衣料品店が近くにでき、ハーモニーのリサイクルショップで売っているものとほとんど変わらない値段で新しいシャツが買えるようになると古着があまり売れなくなってきました。その頃、世田谷区から近くの公園の清掃を受託しました。また、木工でつくった看板やキーホルダー、ステンシルで絵を施した台所用品などをバザーに出したり、よその作業所から封筒にダイレクトメールを封入する仕事を回してもらったりしました。大きなテーブルの注文があると、地下の木工機械を動かして、力持ちのメンバーたちと組み立て、塗装をして納品しました。今でも続いているカレンダー制作を始めたのもこの頃。パステル画の先生による絵の教室を開催し、そのなかから12枚の作品を選んで印刷・製本した手づくりのカレンダーは大好評でした。

メンバーたちは作業するもしないも自由。思い思いのスタイルで過ごしていました。一日中、自分が精神医療の犠牲者だとスタッフに議論を吹っ掛ける人。なぜかずっと外の壁にもたれてタバコをふかしている人。ジュリアンさんは相変わらず、自分の頭のなかの機械に悪態をついていましたが、調子のいい時は「君が好きそうな曲を録音してきたよ」とみんなにお薦めの曲を録音したカセットテープをプレゼントしてくれました。

＊3　幻覚……幻聴、幻視など、対象のない知覚のこと。すなわち、実際には外からの入力はない聴覚、嗅覚、味覚、触覚などがあたかも存在するように知覚されること。ハーモニーが「幻聴妄想かるた」としたのは、ハーモニーのメンバーが体験した症状としては幻聴がもっとも一般的だったから。

隊長・中村さんと「若松組」

シュウボウさんがある日、友達を連れてきました。それがハーモニーで後に「隊長」と呼ばれた、人気者の中村さん（70頁）との出会いでした。中村さんは仕事で昼夜逆転の生活を送り、すっかり調子を崩したとのこと。ずいぶん前から「若松組」という団体から嫌がらせをされているというのです。若松組が初めて来たのは旅行代理店に勤めていた頃だそうです。29歳の時、職場の換気扇から「仕事辞めろ」と「若松組」が囁《ささや》く声が聞こえます。その声に従って、中村さんは旅行代理店を辞めます。話していることが支離滅裂でおかしいということで、最初の入院になりました。退院後はアルバイトで貯めたお金でアパートを借り、地域の作業所に通いました。周囲の後押しもあって再び働き始めましたが、夜勤の仕事が入るようになってまた、例の組織がやってきたというのです。「大家の孫」を使って身辺を探り、音を立てて眠りを妨げる、と。中村さんは夜寝る時だけ家に帰り、それ以外の時間のほとんどをシュウボウさんと過ごすようになりました。

法人「やっとこ」の設立と2千皿のカレー

２００６年、障害者自立支援法（＊４）が施行され、作業所であるハーモニーに加えて、新しい事業を立ち上げることにしました。それは、障害のある人のお宅にヘルパーが訪問して掃除や炊事、洗濯など家事の手伝いをする「ホームヘルプ」事業です。ハーモニーのメンバーの半数は単身者で、掃除や洗濯に苦労していて、食事もコンビニのお弁当中心でバランスが良くありませんでした。そこで運営委員の協力でＮＰＯ法人を立ち上げ、本拠もハーモニーと同じビルとし、もう一つの事業をスタートさせました。

ＮＰＯの名称は、スタッフの発案で「やっとこ」としました。「やっとこ」というのは、当時の木工作業室に転がっていたペンチのような形をした工具の名前です。ホームヘルプ事業の名称は「やっとこさっとこ」。この言葉が持っているリズムに「すべてが順調とはいかないけれど、お互い苦労して何とかやっていきましょうか」という緩いメッセージが感じられて好評でした。

こうしてシュウボウさんの部屋にも、「やっとこさっとこ」のヘルパーが派遣されることになり、袋いっぱいの洗濯物を持ってコインランドリーに急ぐヘルパーさんの姿を見かけるようになりました。私もヘルパーとして週1回、メンバーたちの自宅を訪問することにしました。そして床が見えなくなるほど本の山で埋め尽くされた、諸星さん（71頁）の4畳半の部屋にうかがいご飯をつくりました。部屋に積み上がった本は2千冊以上あり、本代に注ぎ込んで食費が足りなくなりがちな彼の食の確保のため、5年間、ほぼ毎週カレーをつくりに行ったのです。私のつくったカレーも合わせて2千皿ぐらいにはなったかもしれません。

＊4　障害者自立支援法……正式名称は「障害者の日常生活及び社会生活を総合的に支援するための法律」。この法律により障害種別ごとに異なっていたサービスが統一され、障害の別に関わらず、必要なサービスを受けることが可能となった。これまでサービスが少なかった精神障害の当事者にとって利用の選択肢が広がることが期待された反面、それまでの共同作業所としての補助を打ち切った自治体が多く、利用者に自己負担を求める制度に対する反発も起きた。２０１２年、「障害者の日常生活及び社会生活を総合的に支援するための法律」（障害者総合支援法）に改正。

さようなら弦巻、就労継続支援B型事業所へ

ヘルパー事業を開始しても、障害者自立支援法という新しい法律の前でハーモニーは足踏みをしていました。行政や相談機関は、経営の安定性などの観点から新しい法律のなかの「就労継続支

援B型事業所（＊5）」となることを勧めてくれたのですが、私たちには「就労支援」という言葉には違和感が残りました。なぜならハーモニーは「メンバーたちの生活の拠点」であり、「身体を壊さないよう食事や生活のリズムを取り戻す場所」であり、「社会との接点」であろうとしてきたからです。

近隣を見まわすと、ほとんどの作業所が選択したのは、就労継続支援B型事業所でした。一般の職場での就労は難しい利用者が継続して通い、工賃の発生する生産活動やそのほかの必要な活動を行うことができる就労継続支援B型事業が、従来、作業所が行ってきた活動内容に最も近いものだったからです。

同じ就労継続でもA型は雇用型とも呼ばれ、利用者と労働契約を結び、安定的な就労を可能にするものでした。原則として最低賃金が保障されるのが特徴です。事業所が安定した仕事を受注でき、かつその仕事をこなすことのできる利用者がいることが条件になりますが、ハーモニーの人たちが求めていることとは違っていました。

仮に就労継続支援B型事業所になるとしたら休養室や面接室など施設設備の要件、スタッフの要件など法律が求めることはたくさんありました。加えて、ハーモニーの課題は、工賃額の少なさです。国が出していた基準の一つが、月に1人当たり3千円以上の工賃を渡すこと。しかし、工賃を得られる作業をしないメンバーが半数いるハーモニーの現状を考えると、その基準は高いハードルでした。さらに困った事態が持ち上がりました。ヘルパー事業が始まった矢先、突然、ビルのオーナーから3月末の契約更新は行わないという書面が届いたのです。NPO法人には社会的な信頼がないので、契約は続けられないというのです。理由になっていないのは承知していましたが、争っている時間はありませんでした。

こうして移転したのは2007年春でした。世田谷線の上町《かみまち》駅前。近くには毎年2回、市の立つ「ボロ市通り」や招き猫で有名な豪徳寺《ごうとくじ》があります。ミラー張りの雑居ビルの2階を借りることができました。建設当初は回転寿司屋だったそうですが、直前まで焼肉屋とバーが入っていて、われわれは改装せずにそのまま使うことにしました。気に入ったのは、駅前徒歩1分の立地の良さと厨房設備でした。お昼ご飯づくりの寺岡ボランティアさんも、業務用の火力の強いコンロを喜んでくれました。スポットライトに照らされたバーカウンターでのお昼ご飯も元焼肉屋さんのテーブルやカウンターでの作業もちょっと楽しい気分でした。リサイクルショップは上町でも続けることにしました。公園清掃をする受け持ちの場所は遠くなりましたが、車で通うことにしました。

ただ、作業に十分なスペースがないので木工ができなくなり、これからの活動を見直す必要が生じてきました。この仕事を始める前の「拾ってきた石を『ただの石』として100円で売る」という発想への驚きと憧れの気持ちはまだ持っていたので、自分たちだからこそ持ち得る価値を見つけ、それを活動につなげることはできないかとスタッフと相談しました。持ち味を失わないような生産活動を見つけられれば、ハーモニーのメンバーたちも納得できる自分たちなりの就労継続支援B型事業ができるかもしれない。それが見つからなければ、自主的なグループとしてハーモニーの継続を考えよう。私を含めスタッフたちもそんなふうに考え始めていました。

*5　就労継続支援B型事業所……障害者自立支援法に定められた「指定障害福祉サービス事業者」の一つで、通常の事業所に雇用されることが困難な就労経験を持つ障害のある方に対し、生産活動などの機会の提供、知識および能力の向上のために必要な訓練などのサービスを行う。就労継続支援には、「A型」と「B型」の2種類があり、A型は雇用型とも呼ばれ、事業所と雇用契約を結んで働く。B型は主としてA型の仕事が困難な方が対象で、雇用契約は結ばず「非雇用型」と呼ばれ、作業に対して工賃という形で少額ながら対価が支払われる。

2.「幻聴妄想かるた」の誕生

「愛の予防戦隊」——何はなくとも近況報告

２００８年、新しい場所にまだ慣れなかったり、新たなメンバーも増えたりしたので、週に１度１時間くらいは、みんなで集まってミーティングをしようと提案してみました。メンバーたちは「形式ばったのは苦手だから早く終わればいいよ」「気が向いたら来るよ」と言ってくれました。といっても、私も週に１度時間をとることが難しく、旧知の心理療法士にお願いして、水曜に来てもらうことにしました。「幻聴妄想かるた」は、この水曜日のミーティングから生まれたものです。ミーティングの名前は「愛の予防戦隊」と、中村さんの発案で決まりました。なぜそんな名前がついたかというのは私も知らないのですが、再発予防というイメージなのかもしれません。

元バーだったスペースのソファーで５〜６人のメンバーと心理療法士と私、というのがレギュラーメンバーでした。原則は、その週に起きたことや近況報告が中心。例えば、ジュリアンさん。「頭のなかに機械がある」という彼は「自分のことがラジオで放送され、悔しくて悲しい」と嘆く時もあれば、「ビルボードにランクインする大ヒット曲だって本当は僕がつくったもの。自分の考えが外に漏れて盗まれた」と怒ることもあります。それで、ミーティングではジュリアンさんの悩みをみんなで考えよう、ということになりました。「ヘルメットをかぶると電波が漏れないのでは？」「それは病気だから薬を飲むといいんじゃない？」「もっと睡眠をとったら？」というアドバイスもあれば、「それは先祖の祟《たた》りだ」と言う人もいます。こうした議論に結論は出ませんが、誰かがこういう悩みを持っているという事実と、それをみんなで考えたという事実を積み重ねていくことが大切なのかもしれません。心理学や心理療法については、門外漢でよくわかりませんでしたが、そのミーティングを通じてメンバーたちが「気づいてきたこと」「見えてきたこと」を最終的に形にできないかと提案してみました。

ミーティングで共有した体験をかるたに

水曜日のミーティング「愛の予防戦隊」の最初の試みは、サイコドラマ（心理劇）でした。「工賃が多く出せる作業所にならないと、ハーモニーが新しい法律に乗り遅れるらしい」という話はメンバーたちの共通の関心ごとになっていました。

そこで幻聴や妄想を劇仕立てにして、老人ホームで披露し観劇料をいただくのはどうだという話になりました。企画を練ってみましたが実現には至りませんでした。セリフが覚えられないのももちろんあるのですが、やっぱり自分の顔を外に出して病気の体験を語っていくことには躊躇《ちゅうちょ》があり踏み切れません。それで、劇にするために書き出していたみんなの体験をながめているうちに、誰かがたまたま「これはかるたに似ているかも」と言ったのが、「幻聴妄想かるた」の始まりです。

「脳のなかに機械がうめこまれ しっちゃかめっちゃかだ」。「理由もなくやってくる金属音 キーン」。そんな言葉でした。これは、いいかもしれない。そこで、スタッフがメンバー一人ひとりから日々のエピソードを聞いて、かるたの読み札をつくりました。そしてミーティングや空いた時間を使って絵を描いていく。メンバーたちの絵はそれぞれの個性が出ていて、見事なものでした。メンバーは読み札とエピソードを聞くと、すぐに頭のなかに絵が浮かぶのか、迷いなく鉛筆を走らせました。メンバーだけでなくスタッフや実習生、見学者まで、その場にいた人みんなが参加します。

絵はひと月で描きあがりました。次は本人の意向も聞きながら札として採用する絵を1枚ずつ決めていきます。老舗のかるた店の白札を購入し、それに絵札と読み札を印刷したシールを貼っていきます。このシール貼りは、几帳面さにおいては右に出るもののないボランティアの憲さんが担ってくれました。

憲さんはバブルの時期に広告代理店で心と体をすり減らし、鬱を発症してハーモニーにたどり着きました。回復の過程でボランティアとなって参加してくれていたのです。持ち前の几帳面さで最終的に５００セット以上のかるた札すべてをたった1人で貼ってくれました。札づくりと並行してかるたの解説文を書き、12人のメンバーの手記を載せた１２０ページほどの付属の本をつくりました。ハーモニーのコピー機を使い、ホッチキスで中綴じ。ページを折る作業はみんなでやりましたが、最後の仕上げはやっぱり憲さんでした。

２００８年12月、こうして『幻聴妄想かるた』が産声を上げました（44頁写真上）。付属の冊子『露地』を加えて税込３千円。幻覚や妄想を含め、苦労や病気ゆえの困りごとなどを語り合い、お互いの経験や対処の方法を共有する場づくりの試行を始めた1年の成果であり、ハーモニーのメンバーたちだからこそできた「価値」の発信の始まりでした。

「若松組」暴れる

最初の『幻聴妄想かるた』には「若松組が毎日やってくる」「若松組が床をゆらす」「警察から連絡あり　若松組構成員　半分逮捕しました」などの、中村さんの札が入っています。これも水曜のミーティングのなかで生まれたものです。例の若松組が中村さんの立っている地面を揺らし、どこに行ってもつきまとうのです。中村さんはストレスから牛丼を食べ続け、ビールを飲み続けました。ある時は木造アパートの急な鉄階段で足を踏み外し落下したこともありました。これは大変だと、若松組を出し抜く方法を中村さんと一緒にミーティングで考えました。若松組に負けない体力をつけるために散歩をすることにしたのです。親友のシュウボウさんや他のメンバーが中村さんの散歩に付き合いました。地面が揺れるなかでの散歩は大変でしたが5回目の散歩で、若松組の悪さは減ってきました。その後、中村さんは自分でも散歩に出かけるようになりました。

役所のケースワーカー、保健師、ミーティングに出る友人たちを交えた「若松組対策会議」を開き、若松組の被害を受けにくい鉄筋コンクリートのアパートの1階への引っ越しや体力づくりについても相談しました。その結果、念願の引っ越しが決まりました。その後、私と中村さんはハーモニーの物件を紹介してくれた近所の不動産屋さんに行って「若松組」の話をし、揺れに強い鉄筋のアパートを紹介してもらいました。

かるたを持ってハーモニーの外に出る

最初の『幻聴妄想かるた』は受注制作でした。新聞やNHKのニュースで取り上げてもらうなど少しずつその存在が知られるようになり、制作に忙しくなってきました。２００９年の年末には三軒茶屋で展示会もしました。

同じ世田谷というご縁があり、２０１０年より駒澤大学の佐藤光正《こうせい》教授の授業で「かるたの出張講義」を始めました。中村さん、シュウボウさん、ミチコさん、平和《たいらなごみ》さん（70頁）などが参加し、かるたで遊びながら体験を話しました。「幻聴妄想かるた」には、「字札を読み終わって『ハイ』と声の合図があるまで、絵札をとってはいけない」というルールがあります。これはかるたに込められたメンバーたちの体験を、想像しながら遊んでもらいたいという私たちの意図なのです。また、必ずしも頭文字が取り札となっているわけでもありません。目の不自由なミチコさんは、かるたの札を取る時の「ハイ」という掛け声の係になりました。かるた大会の優勝者と握手し若者たちと記念撮影するのが中村さんの仕事になりました。作業ではあまり優秀な働き手とは言えなかった彼が、「幻聴妄想かるた」の講演においてはもっとも雄弁な表現者であり人気者。かるたの話を聞きたいとお客さんが訪れると、若松組の近況を話すのが中村さんの日課でした。「自宅近くを警察が巡回しているので10人は逮捕されているよ」とか「若松組の新入りはすぐ逃げてしまい全滅間近だね」など、ストーリーが楽しいほうに変わりつつありました。

中村さんの新居の不動産屋さんも時々「その後、組はどうだい?」と声をかけてくれました。中村さんは「縦揺れは少なくなったね」と答えました。ミーティングとかるたづくりを通じて、医療や福祉機関、家族からは、「妄想だから取り合う必要がない」とみなされてきた若松組の体験を取り返したと感じた一瞬でした。NHKの取材に「みんなが信用してくれるから。若松組がいるかいないか。そういう変な組織がいるっていうことをみんなが知ってくれたから。楽になりました」と答える彼は満面の笑みでした。

東日本大震災と『幻聴妄想かるた』の出版

そして、ハーモニーにも２０１１年３月11日がやってきました。大きな揺れがやってきた14時46分、私は会議のため駒沢にいました。外を見ると高架の首都高速道路が波打っていて、ただ事でないことはすぐにわかりました。揺れがおさまると、出先から急いで車を走らせハーモニーに戻りました。ラジオでは三陸沖を震源とする大地震であると繰り返し、街ゆく人たちが不安そうに空を見上げていました。どうやら電車は止まっているようでした。上町まで帰ってくると停留所にバスが停まっていたので、運転手さんに「動いてますか?」と尋ねると、通常運行だと答えてくれました。

ハーモニーに戻ると「揺れがひどい間は、チキンカツさん（70頁）がロッカーを一生懸命支えてたんだ」とメンバーたちが口ぐちに報告に来てくれました。テレビの速報では黒い水が次々と町並みをのみ込んでいく映像が音もなく流れていきます。メンバーは近距離に住んでいる人たちばかりだったので、帰宅する最短のバスルートを調べ、帰れる人はバスで帰宅するようにお願いしました。幸い、メンバー全員が夜になる前に帰宅することができました。

その後の混乱した日々、ハーモニーのメンバーたちも不安だったようです。「あの揺れもやはり若松組の仕業かな」と中村さんに聞いてみると、「若松組には無理だよ。やつらはあれほどの力はないよ」と、答えていました。

震災直後の翌月4月にハーモニーは就労継続支援B型事業所になりました。すでにホームヘルプ事業を始めていたのでスムーズに移行できました。ハーモニーは「作業をしてもしなくてもいい場所。何時に来て何時に帰ってもいい場所」という開所以来の方針は変えるつもりはありませんでした。「幻聴妄想かるた」の制作・販売や他の自主製品づくりは始めたばかりでしたが、これからハーモニーの活動の柱の一つにしていけそうだという手応えがありました。それに加えて、近くの駐車場の清掃の仕事も入りました。なんとか月3千円の工賃の問題はクリアできそうでした。

そしてうれしいことがありました。この年の11月に『幻聴妄想かるた』が医学書院から書籍として出版されることになったのです（44頁写真下）。内容はオリジナルとほぼ同じで、女優・市原悦子さんによる朗読のCDとハーモニーの日々の様子を記録したDVDが付属されました。きれいな赤と白のパッケージの『幻聴妄想かるた』が大手書店の棚に並んでいるのを見るのはどんなにうれしかったか。編集の石川さんのおかげで、たかさん（70頁）、平和さん、益山さん（71頁）と新宿駅南口方面にあった紀伊國屋書店でトークをしたのも楽しい思い出になりました。

仲間との別れ

うれしい出来事の反面、実は東日本大震災の前年から、ハーモニーでは悲しいお別れが続いていました。

２０１０年12月、新居への引っ越しを終えて近所になったシュウボウさんを訪ねた中村さんから突然の電話がありました。「シュウボウが寝転がって動かないんだ。昨日も来たのだけど、昨日から同じ姿勢で寝てる」というのです。「すぐに行くから携帯を持って外に出て、１１９番して一番近

上：２００８年に自作した『幻聴妄想かるた』は札にシールを貼っていた。
下：2011年に医学書院から発行された『幻聴妄想かるた』。© ハーモニー

い電信柱の住居表示を読み上げてください」と伝えました。中村さんが付き添う病院に駆けつけると、すでに蘇生処置が行われていましたが、シュウボウさんの心臓が再び動くことはありませんでした。57歳になったばかりでした。

大晦日の日、ハーモニーの仲間たちはシュウボウさんのお姉さまのご家族と一緒に東京・葛飾《かつしか》の斎場でお見送りをしました。中村さんは「シュウボウさんの新品のジーンズが欲しい」と言いましたが、それは蘇生処置の時に切ってしまっていたので、2番目に新しいのを形見にもらっていきました。

その中村さんとも、私たちはお別れしなくてはなりませんでした。あっと言う間の出来事でした。シュウボウさんが亡くなって1年3カ月後。2012年3月の金曜、午後になっても現れない中村さんを捜して自宅にスタッフが行ってみると「若松組がいて、自分を出させてくれない。動けない。ウチに帰りたいよ」と部屋の中で動けなくなっていました。呂律《ろれつ》が回らず、立ち上がれないので救急搬送したのですが、病院では異常はないので帰るように言われました。翌土曜日はスタッフが付き添いました。夕方には外食できるほどには回復したかと思われましたが、自分がどこにいるかわからないのは相変わらずでした。最後は私が付き添っていましたが、中村さんが眠ったのを確認し、数時間後に戻るとすでに息がありませんでした。夕食にロイヤルホストでハンバーグを食べながら、「俺はパイロットになりたかったんだよ」と話してくれたのが最後になりました（＊6）。

そして数カ月後、神奈川県横須賀市で行われた日本精神障害者リハビリテーション学会のプレ・イベントとしてステージの上で「模擬ミーティング」と「即興楽団《そっきょうがくだん》UDje《うじゃ》（ ）」（＊7）とのパフォーマンスを行ったのは、２０１２年11月でした。「模擬ミーティング」は日々行っている「愛の予防戦隊」を簡略化し、パフォーマンス仕立てにしたものです。

即興楽団UDje（ ）の主宰者であるナカガワエリさんとは、あるメンバーのかっこいいところをステージで見てもらえたらと相談していました。そのメンバーとはヘラクレスさん（71頁）。彼は60歳を超えていましたが、若い頃はボディビルに情熱を燃やしたナイスガイ。「とっさの時、言葉が口から出てこないんだ。吃音《きつおん》だ」と気に病んでいて元気がなかったのです。彼を応援するためボディビルのポーズをステージに取り入れることにしました。会場は盛り上がりました。田中さんが大太鼓を叩《たた》き、金原さん（69頁）と益山さんが踊り、エリさんが歌いました。ヘラクレスさんも得意のボディビルのポーズを決めていました。

楽しかった学会でしたが、やりとげた喜びに浸る間もなく知らせが届きました。学会の疲れはあったものの、少しずつ元気を取り戻したかのように見えたヘラクレスさんが亡くなったのです。それも、大きな病院に予約がとれて、私と受診に行くというその日の朝に。さすがに身体の奥底から力が抜けていきました。

平均年齢も高く、精神科以外の内科の合併症も持つメンバーたちの多いハーモニーとはいえ、死を前に茫然とするのは変わりません。濁流にのみ込まれていく人にむけて差し出した手が僅《わず》かな所で届かない。指先を捕まえて握ったと思ったのにすり抜けてしまう。届くかも知れない一瞬があったのに波間に消えていってしまう。私のメンバーたちの死のイメージはそんな感じなのです。

震災後の不安な日々、1人、また1人と亡くなっていくメンバーたち。さらに、それぞれの事情で去っていくスタッフもいて、身体的にも疲労困憊《こんぱい》の日が続きました。スタッフとしての自分の気持ちが燃え尽きかけていたように、メンバーたちもどこか仲間たちの死に対して、気持ちが固まってしまっていたように私には感じられました。

ハーモニーがまだ悲しみから抜け出せないでいた2013年の3月、亡くなった中村さんの部屋に平和さんが入居することになったのです。みんなは「オバケが出たらどうするの?」と聞きました。平和さんは「中村さんの部屋だと安心する。でもちょっと物音がすると『キャー! 出たの?』って緊張するよ」と笑っていました。立ち眩《くら》みに悩まされている彼女は、フラフラするたびに「若松組がいると思っちゃう」とも話します。

「夜中に若松組が来たら、中村さんはどうしてたのかな」「ドンドンと床を蹴飛ばして追い返していたらしいよ」と久しぶりの思い出話。「中村さんはいつも鼻水が出てた」「汚なかったねえ」（126頁）。笑い話でしか呼び起こせない故人の匂いがあるかのように、ミーティングは中村さんの話題で沸きました。改めて中村さんの「かっこ悪さ」はみんなの大切な宝物なのだと納得する時間でした。

＊6 …… 中村さんの死とハーモニーのメンバーたちの様子は、嶋守さやか『孤独死の看取り』（新評論）の2章に詳しく書かれている。嶋守さん（桜花学園大学保育学部教授）は2008年の秋、ハーモニーへ見学に来て、当時は試作品だった『幻聴妄想かるた』を猛烈に褒めてくださって以来の付き合いで、『幻聴妄想かるた』の「発掘者」の1人。

＊7 即興楽団UDje( ) …… ナカガワエリさんが主宰するジャンベなどの打楽器と、歌や叫び、体の動きを使ったパフォーマンスに取り組むグループ。演者・観客の間に線を引かず、その場にいる人たちの多様な個性を生かし、即興的に場をつくり上げる力に感動し、ハーモニーに関わっていただくようお願いした。

弔いとしてのかるた制作――『新・幻聴妄想かるた』へ

中断していたかるたのエピソードをもう一回集め直して、新しい「幻聴妄想かるた」をつくろうと思いました。仲間たちの死を悼《いた》むことが不器用な私たちであるならば、彼らのエピソードや彼らから得たものを取り込んで新しいかるたをつくることが、弔《とむら》いにならないだろうか。今はいない人の記憶、経験知や失敗談、日々の生活への構えのようなものの蓄積を、その人が亡くなってもグループがデータベースとして持ち続けていく。新しい「幻聴妄想かるた」には、そんな意味を持たせられないだろうかと考えたのです。

最初のかるたづくりにはいなかった若いスタッフの富樫《とがし》さんと眞田《さなだ》さんに応援を頼みました。富樫さんはミーティングのボランティアとして参加したのをきっかけに常勤スタッフをお願いし、8年以上、ハーモニーの物づくりの中心にいました。眞田さんは、その後のイベント企画の中心となって、憲さんとともに大活躍したのでした。

実際、新しいメンバーが増え、かるたの講演会に行っても、自分の札のないメンバーの方が多くなっていました。「僕たちが載っている新しいかるたをつくりたい」という声は新メンバーからもたくさん上がっていました。躊躇していたのはむしろ私のほうでした。

死者の記憶のもとに集うことは、今を生き抜く力を得る可能性へ繋《つな》がる。その気づきは、3・11以降のこの国で問われる新しい生き方ともどこか繋がっているような気がしました。その後、ハーモニーのあちこちに亡くなったメンバーたちの写真を置き、思い出を語ることが増えていきました。ホワイトボードには、富樫さんの手でオバケになった中村さんの似顔絵が描かれていました。

齋藤陽道さんとの出会い

「今度のかるたには集合写真を載せましょう」。そうメンバーたちに話しました。プロレス団体「ドッグレッグス（＊8）」の会場で写真集を手に、舞うように歩く姿を見かけたのが齋藤陽道《はるみち》さんとの出会いでした。私はこの写真家のポートレートの不思議さに圧倒されました。虹色の光線のなかでこちらを見つめる青年を撮った一枚は、一日が終わり「じゃあ」とハーモニーのガラス戸の向こうに消えていく、かつていたメンバーが私に向ける視線を想起させました。齋藤さんの写真は、私自身の記憶のなかの「もう会えない人」たちの像に重なったのです。

「数年後、一枚の写真におさまった人たちの何人かはここにいないだろう。いなくなるのは僕かもしれないし、ほかの誰かかもしれない。それでも残された人たちが力を得るような、その人が確かにいたと感じられる、そんな集合写真を新しいかるたに残したい」と私はメンバーに提案。撮影を快諾してくれた齋藤さんと多くのメンバーが撮影場所の砧《きぬた》公園に集まりました。

『新・幻聴妄想かるた』の付属の冊子『天国』の最初のページは、私が見たかった集合写真です。陽だまりのなかには20人ほどのハーモニーの人たち、その奥には暗い道が続いています。雲が切れ、一瞬の陽光に照らされて眩しそうに手を振る私たちの背後の暗がりには、きっと懐かしいオバケたちが写りこんでいるに違いないと私は妄想します。

『新・幻聴妄想かるた』は２０１４年にでき上がりました。上町駅前に移転してから参加したメンバーたちの経験が詰まった札だけでなく、シュウボウさんの失踪と生還、中村さんの若松組との戦い、ヘラクレスさんの思い出にまつわる札も加えられたのです。

＊8　ドッグレッグス　……　齋藤陽道さんが「陽ノ道（ひのみち）」として参加している障害者プロレス。その興行に嶋守さやかさんからお誘いいただき、メンバー有志で観戦に。その真剣勝負に心を動かされ、「自分たちもやってみたい」と、次の興行には金原さん、岡村さんもレスラーとしてリングにあがった（94頁）。

2014年に完成した『新・幻聴妄想かるた』は限定で齋藤陽道さんが撮り下ろした写真のポストカードが付いていた。
© ハーモニー

3．みんなの「幻聴妄想かるた」へ

つどいの場として

ボランティアや見学者、お客さんが多いのもハーモニーの特徴です。そういった人たちは重要な役割を果たしています。メンバーたちにはお馴染みの「ああ、またあの話か！」という話題も、初めての人に披露したり、笑って聞いてもらえるだけで話は生き生きとしたものに生まれ変わるからです。ミーティングは外の風が入ることによって動いています。

やってきた人がメンバーになるか、スタッフになるか、ボランティアになるか。先のことは私にも予測ができません。憲さんのようにメンバー↓ボランティア、田中さんのようにボランティア↓ヘルパー↓メンバーと変わっていく人がいたり、さやちゃん（69頁）のようにメンバーの良き友人となったりします。また他の施設では、利用者として支援を受ける側にいる人が、ハーモニーでは有償ボランティアとして活躍しています。

ヘルパー事業「やっとこさっとこ」の責任者の佐々木さんも学生の頃に昼食づくりや音楽のボランティアという形で参加し始めました。資格をとって、現在はスタッフとしてメンバーたちの在宅での生活を支えています。ワークショップ参加をきっかけにボランティアで関わり、今はヘルパーとしても働いている篠﨑さんもハーモニーに欠かすことのできない仲間になりました。最近、加わった運転ボランティアの福ちゃんも、外でかるたの話をしたことをきっかけに出会いました。

福祉という制度とそこで働くこと

最初の『幻聴妄想かるた』にクレジットされたスタッフのうち、残っているのは私と戸島《とじま》さん（100頁）だけです。常勤のスタッフは精神保健福祉士という資格を持っていますが、スタッフの全員が「精神」や「福祉」の専門家でなくてもよい。むしろ、様々な視点を持った異質な人の集まりのチームに魅力を感じています。私がスタッフに求めることは、メンバーのありようを肯定しようという姿勢です。すべてを受け入れるとか、言われるがまま言うことを聞くのとは少し違います。支援者として求められる役割を担いつつも、支援者／利用者という関係に非対称的な「決め付け」や「支配」がひそむ可能性に自覚的であってほしいと言ってもいいでしょう。23年前に自分が直感的に「いたずらに人を評価しない場所、人に評価されない場所です」と書いたパンフレットの文言は、このことに対する自分の戒めとしていたのだと最近気づきました。

2001年にスタッフに加わった戸島さんはNPO法人立ち上げ後は、超人的な働きで煩雑な法人事務や会計とメンバーたちの支援の二つをやっています。かるたの制作の中心的存在だった富樫さんはハーモニーを離れた後も、かるたづくりのワークショップ（＊9）を行いました。彼女のように、それぞれの道での活動にハーモニーでの経験が生かされればとてもうれしいことです。『新・幻聴妄想かるた』を発表した後には、相馬《そうま》さんと黒瀬《くろせ》さん（134頁）という福祉のキャリアを持たない2人のスタッフが加わり、「幻聴妄想かるた」の制作やイベントやアートに関わる事業に参加してくれています。相馬さんはフェニックスプロジェクトという古布を裂いて、織って布地をつくる「裂き織り」を使った作品づくりをメンバーたちと行っています。黒瀬さんはパステル画をはじめとする創作活動や音楽を担当しています。

「福祉」には社会の不平等に目を向けて、再分配を促していく側面があると思っています。光の当たらない世界の片隅に「ここに光を、資金を、人権を」と叫ぶことも、タブーとして世から隠されてきたものを開き、「社会よ、変われ！」と現在の様々なシステムに対して批判的な向き合い方をすることも「福祉」の周辺の物語のなかにはあったはずです。ところが制度という枠組みができてしまうと、その枠組みのみに目を奪われ、線を引く側に回っていることに気づきにくくなります。法律が要求する福祉的なサービスという「物語」は、人が生きていく上で必要なものの一部にすぎない。むしろ障害と健常、支援、福祉サービス、とそれらが引いた線の外に何が落ちているかについて常に敏感でいなくてはなりません。私たちはそれを理解した上で、足りないものを「つくりだしていく」ことを一緒に考えられるチームであったらと思っています。

＊9……2017年11月、上越市で行われた「アール・ブリュット展in上越3 生活の柄」におけるワークショップ。

かるたはアート？

2014年、東京都狛江市《こまえし》の泉の森会館で、完成したばかりの『新・幻聴妄想かるた』の展示会（＊10）を開きました。「幻聴妄想ラジオ局」と題したメンバーのトークや、写真家の齋藤陽道さんらを交えて、かるたで遊びました。

この頃からアートと無縁だった私たちに、アート分野から声がかかるようになってきました。当事者研究や疾病理解のための教育ツール、あるいは風変りな施設の自主製品として取り上げられることはあっても、アートとして美術館などで紹介されることはそれまではなかったのです。

その年の夏にはA／Aギャラリー（東京都）での「新・幻聴妄想かるたとハーモニー展！」を開催しました。かるたの展示やかるた大会、メンバーがメイドや執事に扮したカフェ「妄想天国＠メイドちゃん」、幻聴妄想ラジオ局、それから諸星さん（71頁）の本のコレクション、メンバーの部屋を再現した「ハモ家」なども加えました。展示会場を「語りの場」と考え、言葉を交わすことで「障害」や「精神病」をめぐる固定化した物語を書き換える場を現出させたいとの願いから発案したものでした。

こうしたかるたの展示会には、メンバーはそれぞれのやりかたで参加しました。新しいかるたの売り子として参加する人。来場者に自分のかるたを示して自分の話を始める人。家族やヘルパーを呼ぶ人。メンバーにとって「幻聴妄想かるた」は自分たちの商品であり、工賃の源であり、同時にそれぞれの日々を綴った日記であり、自己紹介のための名刺代わりでもありました。メンバーの作品の発表の場にもなりました。諸星さんと平和さんは、２人で自主制作したイラスト集を、益山さんは詩集を制作し、会場で販売。メンバーそれぞれが「幻聴妄想かるた」というチャンスを使って、ハーモニーの外の人と繋がっていく瞬間でした。

続く2015年、鞆《とも》の津《つ》ミュージアム（広島県）にてキュレーター・櫛野展正《くしののぶまさ》さんによる企画展示への参加、埼玉県立近代美術館でのかるた大会の開催、翌年には京都で開催された「共生の芸術祭『ストップ・ウォッチ』」への参加など、展示やイベントの開催が続きました。「ストップ・ウォッチ」展ではずっとお会いしたかったデイサービスすまいるほーむ（静岡県）の六車由実《むぐるまゆみ》さん（107頁）と対談をさせていただいたのはうれしい出来事でした。

2016年には研究チームである「多様性と境界に関する対話と表現の研究所」の調査研究を受け入れ、「他者との『体験の共有のあらたなあり方』を、ワークショップ開発の過程と実施を通して探求する」（＊11）ことを共に行いました。具体的には、メンバーたちがこの研究チームと相談しながら「幻聴妄想かるた」の新しい遊び方を開発したのです。この時生まれた「ジェスチャーかるた」は、その後もハーモニーのかるた大会やワークショップのなかに取り入れています。

2017年には「TURN LAND（＊12）」という文化事業にも参加しました。この事業では美術家の深澤孝史《ふかさわたかふみ》さん（124頁）の監修により、ハーモニーが9日間限定の「かみまちハーモニーランド」に変身したのです。メンバー一人ひとりの「心の内を感じさせるもの」「大事にしているもの」「信仰」、そして「妄想」とされてしまうものまでを「もう一つの『現実』」として1枚にまとめ「かみまちハーモニーランド相関図」を完成させました。そこには本書にも登場する様々なエピソードが盛り込まれています。期間中には「かみまちハーモニーランド」の「現実アトラクション」と称してハーモニーを見学してもらったり、メンバーと交流する「スタンプラリー」を実施しました。さらに田中さんの漂流物拾い（101頁）や益山さんの「静岡首都構想」（133頁）もアトラクションとなり、実際に現地に行くツアーなどを実施しました。浄土宗應典院《おうてんいん》（大阪府）主幹の秋田光軌《あきたみつき》さんや、ヒアリング・ヴォイシズ東京例会を主宰する藤本豊《ふじもとゆたか》さんによるトークやレクチャーも行いました。

この3年ほどの展開を思い出すと、色々とお誘いを受けているうちに、いつの間にかずいぶん遠くまで来たという感慨を持ちます。メンバーたちが、それらの展示会やアートプロジェクトを通じて、日頃の生活圏を超えて様々な人と出会えたことが何よりうれしいことでした。

＊10……「新・幻聴妄想かるたとハーモニー展」（2014年2月14日〜16日、3月21日／泉の森会館（東京都狛江市）／主催・企画：ハーモニー）。

＊11……『JOURNAL 東京迂回路研究3』（アーツカウンシル東京〈公益財団法人東京都歴史文化財団〉）22頁より。

＊12 TURN LAND ……東京2020公認文化オリンピアードの一つで、東京都、アーツカウンシル東京、NPO法人Art's Embrace、国立大学法人東京藝術大学が主催するアートプロジェクト「TURN」の一事業。

「愛の予防センター」解決しなくても万事OK

いつからか、ミーティングの呼び名「愛の予防戦隊」は呼びにくいという理由で「愛の予防センター」に変わりました。そもそも元の呼び名の由来を誰も知らなかったので、異議を唱える人はいませんでしたが「愛の予防センター」も不思議な名前ではあります。

そんな愛の予防センターは、今でも毎週水曜日の午後1時からホワイトボードを囲んで行っています。参加メンバーはその日次第ですが、6~7人。ゲストは実習生を入れても3人くらい。スタッフは、進行役の私と板書係の相馬さん、書記の雨宮《あめみや》さん。それからボランティアの篠崎さんや福ちゃん。これだけ入ると15人くらいなので部屋がいっぱいになります。

毎回「これから、愛の予防センターを始めます」と誰かが宣言して始まります。はじめにスタッフから翌週の予定についての連絡があり、後は近況報告を順に行うのがいつもの流れです。人数が多いと近況報告だけで予定の1時間は過ぎてしまいます。報告の内容は自由。発言者に質問したりするのもありです。困りごとを話す人がいればどうすればいいかみんなで考えます。このテーマは今後何度か出てきそうだと判断した場合、共有のためにみんなで絵を描いたりもします。これがかるたの原画となることがあります。亡くなった人の思い出を語ったり、薬を飲み忘れて調子が悪くなり、しくじって入院しちゃったといった「大きなテーマ」は時間をとって、何回かにわけて振り返りながら進めていきます。一方「今この人はこんなことに困っているらしいですよ」という話もあります。それにしても、愛の予防センターの記録係である雨宮さんの記録には驚かされます。呂律が回らなかったり、大きい声が出にくかったり、それぞれに事情を抱えたメンバーの言葉を、うまくその場で確認をとりながら、記録していくのはなかなかのスキルです。そんな記録から、今回の『超・幻聴妄想かるた』の札には採用されなかった小川さん（68頁）の仮面の話を抜粋して紹介します。

新澤：最近、小川さんからメッセージがたくさん来るんです。しかも夜中に300通。小川さんも夜になると悲しくなっちゃうんですね。

一同：え!!

小川：夜、考え込んでいると「警察仮面」とか「やくざ仮面」が出てくるんだよね。

新澤：昼間に会っているハーモニーのメンバーが、夜になると警察ややくざの仮面をつけていじめてくる、と先ほど教えてもらいました。どうして警察ややくざなのかしらねえ。

小川：学生の時に事故をして、その時警察が来て怖くなった。

新澤：夜になると金原さんが警察仮面じゃないかとか、諸星さんがやくざ仮面じゃないかとか
思ってしまうんだよね。

一同：（爆笑）

小川：小岩さん（69頁）は警察で、加藤さんは婦人警官に違いないって思っちゃうんですよ。

新澤：みんな小川さんにアドバイスありますか？

金原：そうか、僕も具合が悪い時は、周りの人が自分をいじめてるような気持ちになったこと
はありましたよ。

田中：学生の時にいじめられた経験がある人ってそういうことがあるんじゃないですか？

小川：そうだ。僕いじめられて、入院したことある。

岡村：先生に言わなかったの？

小川：言わなかった。

益山：僕もかなり被害妄想がある方だけど、小川さんの場合は妄想じゃないんだろうけど。

小川：不思議なことに朝になると治っちゃう。

やすかた：夜間せん妄だね。朝になって治るなら大丈夫。

岡村：すごい！　やすかたさん、良いこと言ってる！

新澤：小川さん、朝になったら大丈夫っていうのがポイントですよね。夜の間、僕にメールし続けて、怖さを紛らせるのはグッドアイデアです。また仮面が出てくるようだったら対処法をみんなで考えてみましょう。さっき小川さんと言葉を考えましたので、記録のために絵を描いておきましょう。「夜になると考えこんでしまう　警察仮面　やくざ仮面いじめっ子仮面」です。

一同：（絵を描く）

メンバーたちがミーティングで描いた「夜になると考えこんでしまう　警察仮面　やくざ仮面いじめっ子仮面」の絵。

小川さんの夜中のメッセージは、今も時々続いています。ちっとも解決になってないじゃないかって、思われるかもしれません。友達からいじめられているんじゃないか？　と疑っては、ミーティングで話してみる。みんなは、「そんなことはないよ」と彼に返す。みんなで考えた証しに絵を描いて置いておく。その繰り返しです。しばらくしたら、また「いじめられてるんじゃないか」と気になる。人生に「解決」というものは、ないのかもしれません。あったとしても極めて限定的なものかもしれないと思うのです。

つくってみよう！　みんなのかるた

狛江市での展示会の時、白い札を会場に置き、来場者に自分のかるたも書いてほしいとお願いしたことがあります。展示会の感想やメンバーへの激励の言葉もあり、見に来て下さる方たちとハーモニーとの距離が一気に近づく気がして手応えを感じるものでした。

その時からハーモニーのメンバー以外の人たちともかるたづくりをできないかと、スタッフだった富樫さんと相談していました。来場者に書いてもらうかるたのテーマは、幻覚や妄想には限定せず「人にはあまり言わなかったけれど、奇妙だなと思っている自分のこと」などにし、このワークショップを「つくってみようみんなのかるた」と名づけ、参加者にメンバーたちとの「幻聴妄想かるた」での遊びを体験してもらってから、かるたづくりを行うようにしました（＊13）。

ハーモニーのメンバーがつくったかるたには夢を題材にしたものは少ないのですが、ワークショップ参加者が書いた札には夢を題材にしたものが多く、そこは興味深い点です。精神疾患の症状は、経験のない人にとっては「悪夢」のようなものとして捉えられることが多いのかもしれません。また、「声」を聴いたことのある人が一定数いるということもわかりました。精神疾患という診断を受けていない人でも6パーセントの人が「声」を聞いた体験を持つという調査結果（＊14）もあるそうですが、それはワークショップでも感じられました。駒澤大学で書いてもらった学生たちの札には「誰かに見られている気がする」「名前を呼ばれたはずなのに」「着信音がしたのに履歴がない」という、いずれも人との不安な関係を表したものがあります。若い人が対人関係にナイーブなのは昔も今も変わらないのだなと10代の頃の自分を振り返って思ってみたりしますが、無料通信アプリ「ＬＩＮＥ（ライン）」が題材になっているところに現代を感じます（１４３頁）。さらに、いろいろなところで出会った当事者の方たちも札を書いてくれました。「入院なんて18回したぞ」「保護室を壊しちゃった」といった内容に、ハーモニーのメンバーたちと歓声をあげました。

「つくってみようみんなのかるた」のワークショップは多くのことを考えさせてくれました。参加者がそれぞれの思いを書いたり、披露したりするときの熱心で楽しそうな様子は印象的です。その楽しさはそれぞれの事情を俯瞰し、枝葉を捨てた短い言葉にし、絵にするという「かるたづくり」の特質から来たのか、あるいは、いつもかるたづくりに先だって披露されるハーモニーのメンバーたちの体験談の面白さから来たのか、みんなで行ったかるた遊びの余韻から来たのかはわかりませんが、そのすべてが関係しているように思われました。

そして今回の『超・幻聴妄想かるた』には、迷うことなく「つくってみようみんなのかるた」の札も加えることにしました。そのために、二つの大学の先生や学生に協力をしてもらいました。２０１７年10月、駒澤大学の「精神科ソーシャルワーク」の講義のなかで、60人ほどの学生たちに「幻聴妄想かるた」を体験してもらい、さらに後日、佐藤光正教授の研究室で「つくってみようみんなのかるた」のセッションを実施しました。メンバーの田中さんと新澤がお邪魔し、学生たちにそれぞれ自分のかるたを書いてもらい、楽しい雰囲気のなか全員でディスカッションを行いました。今回そのときにつくられたかるたを「み」の札に加えました（１３２頁）。

さらに同年11月、明治大学中野キャンパスで開かれた「明大ヒューマンライブラリー」にも参加させていただきました。ヒューマンライブラリーとはデンマークの若者たちが始めた「人を貸し出す図書館」で、障害者、ホームレス、セクシャルマイノリティなど、社会のなかで誤解や偏見を受けやすい人々が「本」になり、一般「読者」と対話をするイベントです。明治大学国際日本学部横田雅弘《まさひろ》ゼミナールが主催し、第9回の開催でした。ここでの「つくってみようみんなのかるた」セッションは5人ほどのグループで、それぞれが体験談を語り、それを元にみんなで絵を描くという流れで行いました。その時の札が「ち」（104頁）と「ね」（121頁）です。

ハーモニーのメンバーたちと出かけ、多くの人と「幻聴妄想かるた」で遊び、共にかるたをつくってみる。程度の差こそあれ、声が聞こえたり、不安な気持ちに押し潰されそうになったりすることは、誰にでも起き得ること。異常／正常、障害／健常の境目が実は不確かであり、そんな苦しい状況にあっても人とのつながりに慰めや知恵を見出すことができることを人に伝えていくことも、ハーモニーの活動の一部であると改めて感じています。

＊13……「つくってみようみんなのかるた」で描いた札を誰もが見られる展示室や書庫のようなウェブサイトをスタッフの黒瀬さんがつくってくれた。アーカイブのページには今も新しい札が加わり続けている。https://gencyoumousou.jimdo.com/

＊14……日本臨床心理学会編『幻聴の世界　ヒアリング・ヴォイシズ』（中央法規出版）、36頁。

『超・幻聴妄想かるた』読み札とエピソード

エピソードを寄せたハーモニーのメンバーたち

ハーモニーで毎週水曜日に行われる「愛の予防センター」という名のミーティングで生まれた「幻聴妄想かるた」。このミーティングでは、メンバーの日常の報告や相談などを行なっています。『超・幻聴妄想かるた』ではおもに２０１４年から２０１８年のミーティングで話された、メンバーのエピソードを元に制作されました。エピソードを寄せた21名のハーモニーのメンバーたちを紹介します。

えつこさん（→ P110）

ハーモニーの自由な雰囲気が気に入っている。勤めた会社の機械が必ず壊れたり、小動物と話したり、と不思議な力を持つ。

※「新・幻聴妄想かるた」の丸さん

岡村さん（→ P94）

お母さんを楽にさせたいとアルバイトするがんばり屋さんで優しい心の持ち主。金原さんを兄貴として慕っている。身体を鍛えることが好き。

小川さん（→ P88、P146）

10代から精神科に通う。勉強のできる少年だった。祖父の営む文具店のプラモデルをヒントに光ファイバーを発明したという。ギターが得意。

さやちゃん（→ P97）

近所に住むボランティアで、賢く、男性陣から人気だった女性。平和（たいらなごみ）さんと仲が良かった。バンド「ハーモニクス」のボーカル。

金原さん（→ P81、P94、P99）

宇宙的な幻聴や妄想の症状に長年苦労してきたが、ある日、奇跡のように症状が消えた。つらい気持ちがわかるので頼られている。

シュウボウさん（→ P83、P89、P96）

おしゃれなロック少年だったが、10代から不眠不休で働き倒れた。「静風荘」時代は住環境に無頓着で、洋服の上に住み、ドアの鍵も開けっ放し。

久美子さん（→ P86、P149）

小川さんと英語の曲を歌ったりするが、本当は引きこもるのが好き。どんな外敵にもさらされない空間で、パジャマで過ごしたい。

※「新・幻聴妄想かるた」のＫ．Ｉさん

大仏さん（→ P125、P130）

阪神・淡路大震災で被災し、命からがら東京に避難してきた。いつでもネクタイを締め、ハーモニーに行かないときは会社で働いている。

※「新・幻聴妄想かるた」のビリケンさん

小岩さん（→ P103）

昔、職人の仕事をしていた。飛行機や掃除機など、機械音とともに幻聴が聴こえる。卓球と風呂が好き。神様エピソードも多い。

チキンカツさん（→ P129）

インターネットが好きでいつもパソコンの席に座っている。社会問題に関してSNSなどで収集した情報を発信し、世界に訴えている。

平和《たいらなごみ》さん（→ P122、P145）

「NON」のほか、「ねこらじゅりすと」など数々の名前を持つ。中村さんが亡き後の部屋に住んだ。諸星さんと2015年に結婚。

※「新・幻聴妄想かるた」のNONさん

とよこさん（→ P128）

足の痛みに苦労しながらも、他人の面倒を見て帰っていく元気なお姉さん。初期の頃からハーモニーに来ている。ものづくりが好き。

たかさん（→ P140、P144）

作業所訪問プログラムをきっかけにメンバーに。睡眠に大変苦労しながら、元漫画同好会の特技を生かし、かるたの絵札も積極的に描く。

※「新・幻聴妄想かるた」のササヤンさん

中村さん（→ P126）

毎週のミーティングのことを「愛の予防戦隊」と命名した「隊長」、すなわちリーダー。『新・幻聴妄想かるた』の完成を見ずに天国へ。

田中さん（→ P101、P106）

元々お昼ご飯づくりのボランティアとして来ていた。ヘルパーの資格を持つ。気温に比例して調子も高くなり、本人いわく夏に「躁転（そうてん）」する。

益山さん （→ P131、P133、P136）

写真家・齋藤陽道さんの作品を見て詩を詠んだり、音楽家・石田多朗さんに詩を送ったり交流がある。ハーモニーに来るのはいつも午後。

のんこさん （→ P111、P151）

歌が好きで、音楽の時間には美声を響かせている。目が♡なドラえもんのぬいぐるみを「のりおくん」と呼ぶ。ピンクが好きな永遠の少女。

森田さん （→ P92、P108）

十数回の入院&脱院歴あり。天理教を信仰し「おさづけ」というおまじないをするなど、常にハーモニーのみんなの健康を気遣っている。

ヘラクレスさん （→ P84、P109）

ボディビルにはまりインストラクターを務めたことも。いろんなことが気になり、入れ歯がうまく合わないだけで死にたくなったりもした。

※「新・幻聴妄想かるた」のHさん

諸星さん （→ P105、P141）

常に何十冊もの本を持ち歩く。平和（たいらなごみ）さんの夫で、かるたの絵を描き始めて才能が開花し、夫婦で画集も制作している。

まーさん （→ P91）

友達の金原さんの勧めもあり、ハーモニーのメンバーになることを切望したものの、体調がすぐれず数えるくらいしか来ていない。

［凡例］

・本書で紹介するエピソードは、左記を除いて、ハーモニーで行われているミーティング「愛の予防センター」の記録から施設長の新澤克憲がまとめたものです。

「ぎ」「め」……「上田假奈代×ハーモニー『幻聴妄想みんなのかるた』」（２０１８年２月２日開催）より

「ち」「ね」「み」「ら」「ん」……「つくってみようみんなのかるた」より

・札となる文字が頭文字以外にある場合は、★印を付けています。

・本書の挿絵は、「愛の予防センター」参加者によって制作されたもののなかから、絵札としては採用されなかったものを使用しています。どんな絵札となったかは、ぜひ別売りのかるたをご覧ください。

世田谷パブリックシアター
3F

GUINNESS

CORONA

MONO
ココカラファイン

あ

あ、宇宙人！　先っぽが光ってる

金原さん家で起きた話です。

どうもその日は携帯電話の調子が悪く、通話もメールもできません。変だと思いましたが、「あきらめて寝よう」と金原さんは寝室の灯りを消しました。するとカーテンの中から細長い筒状のものがこちらに向かって伸びてきたのです。

「……え？」

筒状のものは検診で使う内視鏡のような形で、先から光を発していました。まるで、こちらをうかがっているかのような動きです。「ひょっとして盗撮か？」と思いましたが、不思議と怖さは感じませんでした。金原さんは起き上がって、カーテン越しに筒状の物体の背後にあるものに触ってみました。硬くて、箱のようなものです。

「これは次元をこえた生命体に違いない。昔、羽根木公園で助けてあげた宇宙人が訪ねてきたのかもしれない」

電気をつけ、サッとカーテンを開けてみたけれど、すでに姿はありませんでした。友達の益山さんに「すごいもの見たよ！」とメールしたら、驚いて「どうしたの？」と電話をくれました。
日頃「自分は盗撮されているんだ」と益山さんは言うけれど、その話も本当かもしれないなあ、
と金原さんは思ったのでした。

い　今がいちばん　人生いろいろあったけど

「なんも、いいことなんてないよな」「作業所の仕事なんかバカバカしいよ」とメンバーたちが話していました。たしかにハーモニーの工賃は安いし、お世辞にもきれいな場所ではないし、好んでここに来た人はほとんどいないかもしれません。

シュウボウさんは、いつものように歯のない口をモグモグさせながら、みんなの話を聞いていました。誰の言葉を遮るでもなく、「今がいちばんいいよ」とつぶやきました。そして「なー、中村さん」と親友の中村さんの顔をのぞきこみました。

シュウボウさんは不眠や幻覚のおかげで家族も仕事も住む家も失いました。その後、たどりついた飯場で動けなくなり、ホームレスの施設に送られたそうです。その頃の苦労を思えば、友達に恵まれた現在の方が良かったのでしょうか。

「どうして？」と尋ねてみたいけれど、シュウボウさんはもうこの世にはいません。

う　生まれたときからずっと疲れています　習慣疲労

ヘラクレスさんは、真面目で何事にも一生懸命。

周りの人は気づかなかったけれど、吃音のためにうまく発音できない音があって気にしているんだ、と教えてくれました。ハーモニーで口の達者な人に難しいことを言われ、言い返せないと悲しくて、帰宅してから日記をつけて反省するのだそうです。若い頃にはインストラクターをやるほどのめり込んだボディビルも、人と話すのが苦手なヘラクレスさんらしい趣味だったのかもしれません。

ミーティングの近況報告も「いつも疲れてます。習慣疲労でね」が口癖でした。足が弱って思うように動かなかったり、何度つくり直しても入れ歯が合わなかったり、悲しいことが重なると死んでしまいたくなる、と言いました。

そんなときは、外出先からお兄さんに電話をします。お兄さんは、早口でものすごい勢いで説教するそうです。聞き取れないときもあるけれど「適当に返事をしているうちにどうでもよくなっちゃう」とヘラクレスさんは笑っていました。

ある日、ヘラクレスさんは検診でおなかに動脈瘤が見つかりました。大きく膨れたおなかをさすりながら「腹筋だと思っていたのになあ」と、不満そうでした。そして数週間後、亡くなっているのを家族に発見されました。大きな病院の予約がとれた朝のことでした。みんなにせがまれて、ボディビルのポーズをとってくれた日の笑顔を忘れることはできません。

え　LからMへ　鬱《うつ》のおかげでダイエット成功

久美子さんは気持ちの変動が大きくて苦労が絶えません。

躁《そう》になると昼夜問わず元気になりすぎて、動きまわります。買い物好きで、元気なときは買い物が止まらなくなります。部屋を片付けても、隙間ができると埋めたくなります。地球儀を買って、それをグルグルまわしながら「まわるーまーわるーよ、地球はまわるー」と中島みゆきの替え歌を歌ったり、ヒールを買って「モンロー・ウォーク」をしたり。それくらいならいいんですが、さらに調子が高くなると、変なことを関連付けたり、怒ったりし始めます。友達に脅迫状を書いて、あとで謝ったりもしました。食べても食べても動きまわるから痩せるんですよね。洋服のサイズがＬからＭになったりする。それはちょっとうれしい。

でもそれだけじゃないんです。次には鬱がやってきます。外出できない、お風呂に入れない、食べられない。とってもしんどいときは死にたい。30歳から鬱だけど「死にたい」と思うのは症状だとわかったので、なんとか付き合えるようになりました。一人暮らしのときは夜になると実家に帰って麺を食べたけど、親と喧嘩するとそれもしないので痩せました。

「なのに、どうして私は太っちゃうんだろう」と久美子さんは思います。薬です。デパケンっていう精神安定剤があるんですけど、飲むと食欲が増すんです。今の3倍の量を飲んでいたときは、LLのパジャマが裂けました。おなかが空いてたまりません。コンビニへ行くと朝の分と昼の分を買ってくるでしょ。朝の分を食べて、昼の分は自分で見ないように隠すけどつい見ちゃう、食べちゃう。太ると足の爪が切れない。体が重いと出かけられない。服が困る。靴が困る。下着も困る。

「痩せる話がいつのまにか太る話になってる。ああ、もう！」

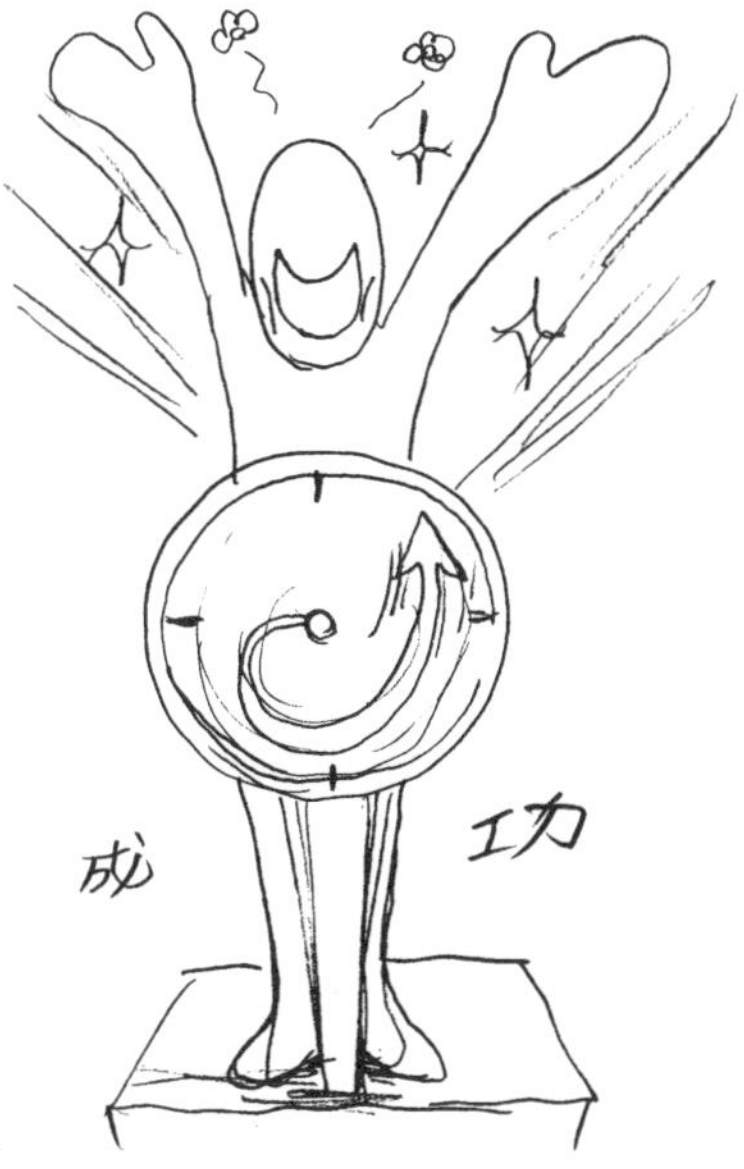

お

おそろしいような　怖いような　でも優しかった

小川さんの体験です。

10代最後のこと。当時住んでいた横浜から東急東横線で中目黒駅まで通院していました。その途中、都立大学駅で人身事故の後処理に遭遇したことがありました。それが脳裏から離れずつらくて、自分も自殺しなくちゃならないのかな、と漠然と思っていたのです。

その日も東横線に乗っていたんですが、頭がクラクラして窓際に寄りかかっていました。すると、そばに全身が白いお兄さんがいたのです。シャツからズボン、スニーカーまで真っ白。この世のものとは思えませんでした。その背後には付き人が何人かいて、その中の一人が白い翼を取り出し、白いお兄さんの背中にサッとつけました。「あ、天使だ！」。

天使は都立大学駅で電車を降りていきました。50年近くも昔のことですが、今でも鮮明に覚えています。あの天使に会ったおかげで自殺せずに助かったのかもしれない、と思ったりもするのです。

か

カラオケボックスでボーっとしてたら兵隊さんが来て動けなくなった

10代で実家が倒産し、若いうちから働きはじめたシュウボウさん。目がチカチカしたり声が聞こえたりして、一つの仕事を続けることが難しかったと言います。細やかな気づかいができ、容姿端麗のシュウボウさんに向いていたのはキャバレーの仕事。徐々に責任ある仕事を任されるようになりました。けれど気をつかったり、お店に泊まり込んで仕事を片付けたりする生活は彼に負担をかけ、仕事中に倒れるようになりました。

「人に気をつかう仕事は疲れる」。そう考えたシュウボウさんは、カラオケボックスの雇われ店長に挑戦することに。これなら人とあまり関わらずに働けそうだ。そんな希望を持てたのも僅かの間でした。ある夜、カラオケボックスの中から第二次世界大戦の日本軍の兵隊が次々と現れたのです。その後、シュウボウさんは、命からがら世田谷に流れてきてハーモニーの一員になりました（24頁）。

(ぎ) 銀河系で　ラーメン定食　切符はどこに

２０１８年２月２日に豪徳寺（東京・世田谷）で開催した上田假奈代さんとのイベント「幻聴妄想みんなのかるた」（１６０頁）で生まれた札です。参加者の３人が言葉をつないで読み札を作り、さらに別の人たちが絵札を描いていくので、誰か１人の体験に基づいているわけではありません。上田さんによってその場の人たちの「言葉」が引き出され、「場」の表現として現れてくる。出来上がった札からは、その場の楽しい臨場感が伝わってきます。

「銀河系」と「切符」という組み合わせ、やはり参加者の方からは「『銀河鉄道の夜』や『銀河鉄道９９９』を思い出します」と感想がありました。

く 空中に浮いたタバコはアトランティスからの贈り物 今度はお金にしてくれよ

「物質の世界と、物質ではない心や愛や感情の世界がある」と、まーさんは言いました。

まーさんが25歳の頃の話です。アトランティス文明に興味があり、百科事典で調べていたときのこと。「タバコが切れそうだな」と思ったとたん、顔の右側のあたりの空中にぽっかりと穴が空《あ》き、タバコが一箱現れました。

「タバコが空中に浮いている。それも俺の吸っている『わかば』が」

びっくりしたけれど「ああ、アトランティス文明の差し入れなんだ」とすぐにわかったそうです。ドクターにその話をしたら、先生は難しい顔をして強い薬をくれました。その後は入院したりして、アトランティス文明を調べることはなくなったけれど、「次に空中から現れるなら、お金がいいですね」とまーさんは笑って言います。

げ 幻聴が「タバコやめろ」と言うので、がんばって吸ってます

新澤：田中さんは公には禁煙してることになってるんですよね。

田中：はい。母に怒られるので。電子タバコを注文したところです。

新澤：金原さんはやめないの？

金原：絶対にやめません。

新澤：僕はヘビースモーカーだったんですよ。あるときハーモニーでタバコ吸ってたら、血を吐いて、救急車に乗ったんです。それでやめた。

森田：僕も血を吐いたことがあります。的屋をやってたときですね。親父さんの家でタバコ吸っててね。でも、原因不明と言われました。そのうち血が出るのは治っちゃったけど。

新澤：家族がいる人でタバコがダメって言う人、多いですね。

森田：タバコを吸うと母に蹴られます。でも、タバコは神様でしょ？

新澤：へえ!?

森田：「火は水を呼び　水は風を呼び　風は火を呼ぶ」というでしょ。声も「タバコやめろ」

とは言うんですよ。だから声には逆らって、がんばって吸ってますよ。

新澤：!?

ときには幻聴と相談し、時には受け流したり、逆らったり。森田さん、大変ですね。

こ 心の病の義兄弟タッグ！ 本気でやるとは ドッグレッグス

『新・幻聴妄想かるた』の撮影をしてくれた写真家の齋藤陽道さんが出場するので、ハーモニーのみんなで障害者プロレス「ドッグレッグス」の観戦に出かけたことがありました。真剣ながらもユーモアあふれる選手たちの姿を目にし、金原さんも岡村さんもすっかり魅了され、すぐにスパーリング（実戦形式で行う練習）に参加しました。

「今だから言うけど」と岡村さん。「陽道さんへの嫉妬というか憧れがあったんですよ。写真はすごいしプロレスは強い。それに加えて優しいし、何ひとつかなうものがないんだもの」。

2人とも体力に自信がありましたが、練習では先輩レスラーにまったく歯が立ちませんでした。「これじゃ試合にならない」とあわてて2人はトレーニングを開始。金原さんはプール、岡村さんはキックボクシング。何度もくじけそうになりながら勇気を奮い起こし、練習に励みました。

そして試合当日。場内の照明が落ち、スクリーンに「心の病の義兄弟『ザ・ハーモニーズ！』」と映し出され、スポットライトを浴びて金原さんと岡村さんが登場しました。

相手は百戦錬磨のベテラン選手。ハーモニーの仲間は団扇《うちわ》を振って応援しました。しかし勝負の神様は残酷です。開始のゴングが鳴って2分後、金原さんが右フックを食らい気絶。正気に戻った金原さんが目にしたのは、岡村さんがひざ蹴りを顔面に受け、鼻血を流しているる瞬間でした。２人のデビュー戦はこうして終わりました。

岡村さんは悔しくて泣いてしまったそうですが、試合後の２人はさわやかでした。もう少し闘っていたかったけれど相手が強すぎた。なにしろリングに上がるのは気持ちがいい。スターになった気分で、「ほんの一瞬、女の子にモテたのがうれしかったな」と２人は言います。

ⓢ さよなら　ベゲA　僕の赤玉

シュウボウさんは、目の前がチカチカしたり「どこかに行け」と声が聞こえたりすると「ベゲA、飲んで寝るわ」と家に帰り、それを「寝逃げ」と呼んでいました。

「ベゲA」とは「ベゲタミンA」という薬の通称。精神薬と睡眠薬の成分が含まれた大変強力な薬です。多くのメンバーが眠る前の常薬や頓服として服用したことがあり、赤色なので「赤玉」とも呼ばれていました。しかし２０１６年、その重篤な副作用と依存性により販売中止に。ハーモニーにも「ベゲA」を処方されている人がたくさんいました。そのニュースを見たときは「ベゲAがなくなったらどうしよう」という声も多くありましたが、今では薬も変更され、それぞれが夜の眠りを取り戻した様子です。

ですがいまでもシュウボウさんの部屋に散乱したベゲAの飲みガラが目に浮かびます。時の経過とともに薬は少しずつ穏やかなものに変わってきていますが、今は亡きシュウボウさんや少し前の世代は強い薬で症状を抑え、同時に副作用に苦しみながら、なんとか日々をやり過ごしていました。

し 死ぬ死ぬ詐欺発動　止めてくれるよね？

さやちゃんは小柄で愛らしいボランティアでした。

人の気持ちを察する優しさからか、みんなに好かれていました。責任感が強く、頼られる半面、期待されることがつらく死んでしまいたいことがあると話していました。『新・幻聴妄想かるた』の読み札「人間は生きたいから　生きづらいと死にたくなるんですよ」は、彼女の言葉でした。

「ねえさん」と慕っていた平和《たいらなごみ》さんに、時々「死にたい！もうだめ！」と助けを求めてきたといいます。「どーしたの？」と平さんが応えると少しだけ愚痴を吐き出し、また日常に戻っていきました。「死ぬ死ぬ詐欺」は彼女が自分の話をしたときの言葉です。死ぬ死ぬ詐欺も「どーしたの？」と声をかけて止めてくれる人がいて成り立つ「詐欺」なんですね、さやちゃん。

しばらく顔を見かけないと思っていたら、さやちゃんが事故で亡くなったと知らせがありました。彼女が最後に見た空はどんな色だったのでしょう。私たちはもう少し、あなたと一緒にいたかったたよ。

す スマホ貧乏　タバコ貧乏　就労貧乏

ハーモニーの貧乏話です。

「禁煙教室もニコチンパッチも試したけど、食後の一服はやめられない」と小川さんが言います。「どんなにやめろと言われてもやめないよ」と森田さんが言います。「タバコがどんどん値上がりするからお金が足りない」と金原さん。

スマホも油断なりません。便利そうだからってダウンロードした有料アプリ。うっかり課金しちゃうゲーム。ポイントを買っても会えないラブリーセクシーギャル。「高い料金コースに変えたら」とショップのお兄さんが誘惑します。

仕事に就いてもお金がかかります。仕事に着ていく服も必要だし、クリーニング代もかかるし、付き合いもある。イライラするとたくさん食べちゃう。仕事のあとは疲れて、自炊なんて到底できません。

世界は誘惑に満ちてます。そういうわけで、私たちは貧乏です。

ⓢ 正社員が叫んでる！

金原さんがスーパーでパートをしていたときのことを話してくれました。

国立大学を出たっていう若い社員がやってきました。銀縁のメガネをかけて、痩せて神経質っぽい感じだったかな。彼はよく暗がりで叫んでいました。部屋にこもって「バカヤロー！」とか「コノヤロー！」とかって。ある日、「1週間後にみんなが驚くようなことが起こるぞ」って彼が言ったんです。そして1週間後、彼は失踪しました。でも結局会社に連れ戻され、周りに平謝りしていました。僕は彼に病院へ行くように勧めたけど「俺は病気じゃない。病んではいるけど病院に行くほどではない」と。金原さんは福祉雇用で採用されました。最初は職場でも気をつかってもらっていましたが、景気が悪くなりライバル店が近くにできたりすると、キツいことを言われたり、残業を要求されるようになりました。

叫んで失踪した大学出の正社員。「責任を背負わされてつらかったんだな」と思いました。みんな追い詰められているのかもしれません。10年以上も勤めた職場でしたが、それから続けていく自信がなくなり、僕は退職しました。

私とハーモニー①

うたかたの日々

戸島有貴子［ハーモニー職員］

古いラジカセから午後のFMラジオが流れる小さなキッチンに、体の大きなおじさん達が肩を寄せ合い、音楽に耳を傾けタバコを吸う。そして、とりとめもなく喋り、笑いあう放課後のような時間。働き始めた頃のハーモニーを思い出すとこんな情景が浮かぶ。彼らは、新米で若造の私を（そんなに若くもなかったかな……）いつも温かく迎え入れてくれる。私は「ちょっと休憩」と自分に言い訳し仲間に加わるのだが、楽しくて時間を忘れ話し込んでしまう。

確かに幻聴妄想などによる予想外の言動は時に私たちを驚かせるけれど、普段の言葉から喜びや悲しみを知っていくうちに、自然なことにも感じられてくる。

嘆きの言葉を聞くこともあった。「幸せ」を全て失った。社会的な地位も家族も失い、落ちるところまで落ちたと。その一方で「今が一番いいよ」と笑顔で話す人たちもいた。かっこよくてはっとさせられた。大切な人達がそばにいて、その温かさにほっとする場があること、本当の「幸せ」はそんなところにあるのかと気づいた。

私は大切なことの多くを彼らのなにげない日常の姿から学んだ。ラジオが時を告げ夜が近づくまで。

とじま・ゆきこ／2001年より現職。ハーモニーではメンバーの相談、事務、運転から調理までオールラウンドにこなす。

そ 躁《そう》の宴《うたげ》は終わりました　これから躁の合宿です

田中さんは、毎年夏になると躁状態になります。

ある夏、同じ病気の幼馴染が調子を崩したので、毎日慰めたり元気づけたりしました。しかし元気になったのは田中さんの方でした。超ハイテンションで寝られない日々が続き、よく食べ、よくしゃべり、よく笑いました。ハーモニーにシンセサイザーを持ってきてはミュージシャンのＹＭＯだと言って怪しい音楽を奏でました。夜中に出歩くようになり、ＳＮＳに怪しい動画をアップしたり。それを監視するお母さんも戦いです。

躁が極限まで高まった田中さんを動かしたのは、生まれてから50年以上住み続けている町の伝承でした。その町には、雨が降るとお宝が流れ着くという言い伝えがあります。大雨が降った日の夜中、田中さんはお母さんの監視の目を逃れ、３キロのダンベルを二つ背負い、泥で汚れたウサギのぬいぐるみを見つけ「これこそ宝だ」と思いました。そして、それを友達の、のんこさんにプレゼントしに出かけたのでした（111頁）。夜が明け、うちに帰った田中さんを待っていたのはお母さん。その日のうちに入院が決まりました。田中さんは病院に行く前に新澤にメールを送りました。「躁の宴は終わりました　これから躁の合宿です」と。入院を合宿に喩《たと》えるなんて、田中さんもしゃれていますよね。

た

太陽が戻った　地球を救ったのは俺だよ　さだまさしも知っているがね

小岩さんが言います。

横浜の会社に勤めているときのことなんだ。よく晴れて空が水色だった日。ＣＤラジカセで歌手のテレサ・テンの曲を聞いていたら、急に神様の声が聞こえてきてね。俺の頭上の空だけ光ったんだ。神様は困っているようだったんで「こりゃ助けなきゃ」と思ったよ。それで拝んだら、俺のエネルギーで太陽にかかった雲が飛んでいき、神様にとりついたばい菌も取り払われたんだよ。頭が空っぽになったよ。それで地球が救われて、俺の好きな水色の空が世界に帰ってきたってわけなんだ。

さだまさしの代表作『防人《さきもり》の詩《うた》』はそのときのことを歌った歌なんだよ。でも、金にならないし、もう神様を助けるのはやめたよ。

ち　地図が読めない

「つくってみようみんなのかるた」のワークショップに参加した、ある学生さんの話です。駅に降りると、案内板みたいな地図があるじゃないですか。あれがまったく読めないです。本当にわからなくて。大学の入試を受けるときに試験会場になかなかたどり着けなくて、そのときは泣きそうになりながら探しました。

でも最近は、スマホにグーグルマップのアプリを入れて、音声案内を歩きながら聞いたらたどり着けるようになりました。音声案内の「あと３００メートル、右方向です」と言われるとなんとか。あと、新しいところにはなるべく１人で行かないようにしています。

つ

妻が気になる帰り道 ゴミ捨て場に倒れていたのは怪人だった

諸星さんには見えるそうです。

その日は妻の通院日。車いすユーザーの彼女の付き添いは移動支援のスタッフに任せ、諸星さんはハーモニーでのんびりしていました。いつのまにか妻の帰宅時間が迫り、家路を急ぎます。すると帰る途中、ゴミ捨て場に倒れた怪人に出くわしました。

日頃から怪人が倒れているのを見かけるそうです。「私の車いすを押しているときは見たことないんじゃない!?」と驚いた様子の妻。「実は、あるよ」と諸星さん。車いすを押して息が荒くなったときに見えたとか。どうやらあわてたり、ストレスがかかったりしたときに見えるみたいです。あちらこちらで怪人が倒れている街なかを、車いすを押しながら急ぐ諸星さん。考えようによっては毎日がファンタジー映画のような大冒険なのかもしれません。

で でもね、精神科で悟りの話をすると入院になるんですよ

田中さんが言います。

社会に出ると収入や学歴で判断されたりするから、少しでも良い生活を送るため、みんなそういうものを目指してがんばるんですよね。でも人間は生まれたらその瞬間から老いて、死に向かう存在なんです。みんなそのことになかなか気づかないんですよね。僕は少しずつ気がついて、それが「悟り」につながった。日々の気づきがたまって、ある日ドカンと悟りがきたんです。

19歳のときがまさにそうでした。意を決して、主治医に悟ったことを打ち明けたら「思春期挫折症候群」って名前を付けられて入院になりました。悟りがあまりに素晴らしすぎて、人に伝えようとがんばるんですが、伝えようとすればするほど支離滅裂になってしまうんです。精神医学と悟りはなかなかわかり合えないんですかね。

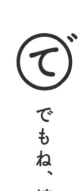

私とハーモニー②

『幻聴妄想かるた』と『すまいるかるた』

六車由実［デイサービスすまいるほーむ管理者］

私が勤めている高齢者のデイサービスすまいるほーむでは、みんなでそれぞれの仲間の人生や経験を聞き書きして、『すまいるかるた』にまとめています。たとえばこんなかるたがあります。「け／けっこん（結婚）の世話をしてくれた姉さんには言えなかったけれど、本当はタケユキさんと結婚したかった」（ケイコ）。ケイコさんは、初恋のタケユキさんへの切ない思いを語ってくれたのでした。こんなふうに利用者さん、スタッフ、お客さんのかるたを次々に作っていったら、みんなの思い出や思いが詰まったかるたの札がもう既に70枚近くできました。

私たちがこの『すまいるかるた』を作るのに、モデル＆ライバルにしたのが、『幻聴妄想かるた』です。利用者さんから、「すまいるほーむの15周年記念にかるたを作りたい！」という提案があった時、試しに『幻聴妄想かるた』をやってみたのです（私が、『幻聴妄想かるた』の大ファンだったので）。そうしたらすごく盛り上がって、そして「『幻聴妄想かるた』より面白いかるたを作ろう！」と、みんなでかるた作りに燃えたのでした。

『すまいるかるた』が出来上がってきた頃、嬉しいことに、京都で『幻聴妄想かるた』と『すまいるかるた』のコラボ展示をすることとなりました。そして、そのイベントのひとつとして、新澤克憲さんと六車が対談することになったのです。その対談で新澤さんとかるたについて語り合ったら、何だか新澤さんとはずっと昔からの知り合いだったような、そんな不思議な妄想（？）を私は抱いたのでした。だって、自分たちの経験を語り合い、かるたを作ることで、そこが対話のある場になったり、それぞれの知恵が継承されたり、亡くなった人の存在がその場に留まったり。ハーモニーとすまいるほーむで、かるた作りを通して経験してきたことが、まるで双子のようにそっくりだったからです。もちろん、私たちが、『幻聴妄想かるた』を追っかけてきたから、ということもあるんですけど。ともかく、私は、『幻聴妄想かるた』とハーモニーと新澤さんが大好きで、勝手に強い親近感を抱いています。そして、きっとこれからも追っかけ続けると思います。

むぐるま・ゆみ／著書に『驚きの介護民俗学』（医学書院）、『介護民俗学へようこそ「すまいるほーむ」の物語』（新潮社）など。

ど どんなに稼いでも　声が聞こえて金送る「甘栗甘栗おいしいよ」

森田さんが昔のことを教えてくれました。

30代の頃、28日間ぶっ続けで甘栗をつくって売っていました。結構楽しかった。ネクタイしてジャケットを着て「いらっしゃいませ」「甘栗おいしいよ」って声かけて。給料は月18万くらいあったかな。でも大晦日の日、間違えてお金を持って帰ろうとしたら「森田さん!」と呼び止められて。ほんとに間違えただけなんです。それで「もう来なくていいよ」と言われました。ところが「金を送ってこい」って声が聞こえたんです。声に逆らうとつらくなって逆らえなくて、給料を全部天理教に送っちゃったんですよ。

そのあとほかのアルバイトもしたけれど、声は聞こえるしいろいろうまくいかなくて、悲観して自殺未遂しちゃった。今は当時より収入は少ないけれど、そんな気はあまり起きない。不思議ですね。

な　夏休み　実家の縁側から電話する「薬飲みましたか？」

歳をとると、いろいろと億劫になってきます。

若い頃はボディビルで活躍したヘラクレスさんでしたが、買物や風呂屋に行くことが苦痛になってきました。脱水で入院してからは、スタッフが車で送迎したり、病院に一緒に行ったり、お湯で足を温めたり、なんとか元気になってもらおうと応援しました。

この札はヘラクレスさんの担当になった富樫《とがし》さんのエピソードです。「薬の飲み忘れを防ぐために、決まった時間に電話をする仕事を任された夏休みの思い出です。実家の縁側から電話をかけると『はい、飲みました』と答えてくれました。見慣れた縁側の風景が、ヘラクレスさんの色に染まった瞬間でした」

㊁ 2、3日前にあてられます　悪い予感

えつこさんがヒソヒソ声で言いました。

薬が変わって感覚が鋭くなったのか、2、3日先のことが視えるようになったんです。以前よくわからないけれど「目が狙われてる」って思ったことがありました。そうしたらね、その数日後に、下町で人の目に薬品をかけて歩きまわっている人がいるというニュースを聞いたんです。ぞーっとしました。悪いことが起きるのはわかるんだけど、それが自分の身の上に起きるかどうかはわからない。でもどこかに逃げなきゃと思うんだけど、どこに逃げても不安なことには変わりない。「不安になったら飲みなさい」と先生がくれる頓服薬も、いつも飲んでるわけにはいかないでしょ。それに、せっかく能力があるのだから良いことが予知できればいいのにね。

ぬ

ぬいぐるみ　夜中の3時にサンタが持ってきた

9月、雨あがりの湿度の高い夜のこと。のんこさんは胸騒ぎで目が覚めました。時計を見ると夜中の3時。すると、ドアホンの「ピンポーン」という音が……。誰も訪ねてくるはずのない時間です。のんこさんは不安のあまり身がすくんで動けません。沈黙のあと「のんちゃん、のんちゃん」と低音で囁《ささや》くような声が始まりました。怖くて、ドアのところまで行って様子をうかがうことすらできません。

また、「ピンポーン」。そして「のんちゃん」の声。パニックになったのんこさんですが、頭に一瞬、友達の顔が浮かびました。「もしや田中さん？」。ハーモニーの仲良しグループの一人です。最近、彼は気持ちが高揚していて、朝早くから夜遅くまで、友達と映画にゲームセンターにと活発に動きまわっています。やたらとハイテンションな電話もかかってきます。田中さんはドアの向こうでなにやら独りでしゃべっています。

のんこさんは彼が立ち去るまでの1時間をひたすら耐えたそうです。

そして夜が明け、扉を開けてビックリ。ずぶ濡れで泥のしみ込んだウサギのぬいぐるみと、1足の汚れた靴が転がっていました。のんこさんは、ヘルパーさんにその迷惑なプレゼントを捨ててもらったそうです。

「近所に、低くなっていて雨が降るといろいろなものが流れて集まってくる『お宝エリア』があるんですよね。夜に抜けだしたら、ウサギのぬいぐるみと遭遇したわけです。これは、のんちゃんにあげないとって思い込んじゃったんですよね。悪いことしたなあ」

後日、入院先の病院でバツが悪そうに田中さんが話してくれました。

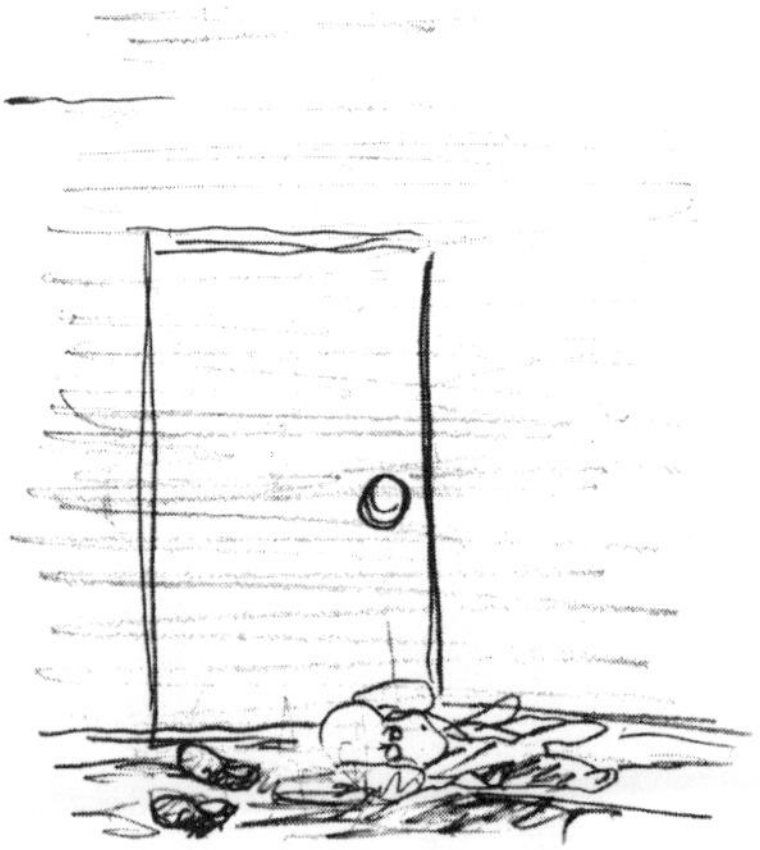

出口
EXIT

る
た

幻《げん》聴《ちょう》妄《もう》想《そう》カ

ね 寝る前に　いろんな言葉が入ってくる

「つくってみようみんなのかるた」のワークショップで生まれた札です。寝る前に会話が聞こえる女性の話。

みなさんは寝るとき、どんなふうに寝ていますか。普通だと思っていたんですけど、私は寝る前、夢の中に入る瞬間に必ず、人の声がたくさん聞こえてくるんですよ。私の方に向かっている声じゃなくて、どこかで話してるんだろうな、というような普通の会話の断片がいっぱい入ってくるんです。私はそれを楽しんでいるんですけど、あるとき友達に「いつもは流れてこないのに、昨日は死体の隠し場所みたいな会話が流れてきたんだよね」と話すと「そもそも会話とか流れてこないけど」と返されて。それで、寝る前に会話が流れてくる人ってあんまりいないんだなって気づきました。

の 45歳の誕生日パーティー★ 死ぬはずだったのに今も生きている

当時、平和《たいらなごみ》さんは昼と夜が逆転した日々を送っていました。

一度眠ると24時間眠り続けました。嫌なことがあったり、眠れなくてイライラしたりするとOD（overdose の略。薬を大量に飲むこと）をしました。「死んじゃったらどうするの」と周囲は言いましたが、「死んで困る身内がいるわけじゃなし、死んじゃったっていいじゃない」と平さんは言いました。

いつの頃からか彼女の中に、自分の一生は45歳までだという思いが芽生えていましたが、それは母親が自分を産んだ年だからなのです。「45歳までにはこの世とさよならするよ」と、話しました。彼女が飲まなかった薬をたくさん蓄えているのを周りの人は知っていたので、8月になって彼女の45歳の誕生日が近付いてくると、これは弱ったと思ったのです。保健師は耐えかねて彼女の家にある余った薬をゴッソリ持ち帰りました。もちろん、大事な薬はしっかり別のところに隠してありましたけれど。

ドクターと施設長は、彼女の安全を考えて、45歳の誕生日の直前から入院するように、彼女を説得するかどうか話し合いました。入院したからといって死にたい気持ちは回避できるわけではないし、強制的な入院では彼女との信頼関係が失われてしまうね、と意見が一致し、入院はなくなりました。施設長は特にやることもなく、毎日彼女のアパートのドアをノックし、わざわざ出てきた彼女と話すこともないので「おはよう」と言ってみたりしました。

45歳の誕生日は受診の日でした。診察室に入ると、主治医が「誕生日パーティーだね」と言って、お手製のアップルパイを御馳走してくれました。平さんは、「タイミングを失った。あとは余生だわ」と笑いました。

その後、彼女はODでちょっと失敗して、足が悪くなり車いすに乗ることになったり、結婚して「死んだら困る身内」ができたりしましたが、あれから8年後の今もなんとかやっています。電動車いすを手に入れて、世田谷の町を爆走するのが目下の企みだそうです。

私とハーモニー③

複数の現実を取り戻す

深澤孝史［美術家］

ハーモニーのメンバーは、それぞれの固有の現実を生きることそのものを仕事にしていると私は思う。

個々の世界観を取り扱って仕事にしている例として芸術家も挙げてみる。例えば芸術家は「虚構」をしばしば扱う。虚構を作品として掲示することで、普段何気なく信じ込んでいる私たちの現実に一石を投じることができるからだ。そうして自らの営みを客観視したり、振り返ったりしながら、生きることに対して考えることができる。

一方、ハーモニーのメンバーたちの幻聴や妄想というものは、「虚構」と言ってしまうことはできない。メンバー当人たちにとってそれらは、創作でも嘘でもなく、自身の生に肉薄した「現実」そのものだからである。現代の芸術家の仕事が、一つしかないこの現実をより深く捉えたり、更新したりしていくことだとしたら、ハーモニーのメンバーのやっていることは、そもそも現実が一つしかないという認識自体が間違っていて、たくさんある現実の中でそれぞれがそれぞれの生き方を全うすればよいということの体現なのではないか。彼らから私たちが学ぶことは、ただ一つの多様性のある社会を求めていくことではなくて、この社会なり現実なりがそもそも複数存在しているという事実を取り戻していく態度ではないだろうか。

ふかさわ・たかふみ／2018年、ハーモニーにて「かみまちハーモニーランド」というプロジェクトを行った。

は

歯車はガチガチだと動かない 少し余裕があって動くんです

「たまには悪い人でいいよね」と大仏さんは言います。

「自分のズルイところを許してあげるのが大事だよ。精神の人は少しぐうたらなところがある方がいいんです。歯車はガチガチでは動かないじゃないですか。少し余裕があって動くんです」。大仏さんは福祉雇用で働いていますが、ちょっと疲れるとハーモニーにやってくるメンバーです。

調子が落ちたとき、働いている人を見ると圧迫感がして息が詰まりそうになるそうです。薬を飲んで、コピーやシュレッダーの仕事を無心にやっていると落ちつくこともありますが、それでもつらいときは体操したり、トイレにこもってアイスクリームを食べたりしています。

ハーモニーに来て落ちつくのは「心のゆとりを持てるから」と大仏さん。「命があるってことに感謝しなさい、と宇宙の絶対神も言ってるよ」と。

ひ 拾いタバコしてたね　鼻でてたね
ジャケット汚れた僕らのヒーロー

中村さんは、誰にでも優しく滅多に怒りませんでした。

ハーモニーでは「隊長」と呼ばれ、みんなが頼りにしていました。いつの頃からか「若松組」という謎の組織に「地面を揺らされる攻撃」を受けるようになって、自転車に乗れなかったり、アパートの階段から転がり落ちたりと、生活が思うようにいかなくなりました。それでもメンバーのシュウボウさんとはいつも一緒にいて、冗談を言い合い、じゃれあっていました。働いていたときから食べるのが大好き。牛丼、ハンバーグ定食、焼肉、レーズンパン。お金が無くなるとシュウボウさんにおごってもらっていました。シュウボウさんは、中村さんがおいしそうに食べるのが大好きでした。それで、2人とも無一文になってしまいました。ハーモニーでは配膳中のお昼ごはんの上で特大のクシャミをして、鼻水を飛ばして叱られたこともありました。

それでも中村さんはみんなの人気者でした。ある日の午後「若松組が部屋から出してくれない」とアパートの部屋で動けなくなっていた中村さんをスタッフが発見しました。救急車で運ばれた病院で、先生から「入院も検査の必要もないので帰りなさい」と言われ追い返されました。それでも中村さんは、帰り道に車に同乗したスタッフに「子どもがいるんだろう、早く帰ってやりなよ」と声をかけてくれました。その翌々日、中村さんは自室で亡くなっていました。最後まで優しい人でした。

ふ

布団めくるとブラックホール

気づくと土星にいるって、信じられる？

とよこさんの部屋は、たくさんのものにあふれています。

それで、よくものがなくなります。障害者手帳のような大事なものも何もかも、さっきまであったのに、すぐに見つからなくなります。「きっと部屋の中にブラックホールがあるんだわ。そこから異次元の空間にものが吸いこまれていくにちがいない」と、とよこさんは言います。

気がつくと、自分もブラックホールに吸い込まれているのか、知らない場所にいたりするそうです。とよこさんに「最近はブラックホールに吸い込まれて、どこに行きました？」と聞いたら、「何？　私そんなこと言ったかしら！」と言われました。

へ

辺野古にはジュゴンもいるんです　気になって体調が悪くなりました

チキンカツさんは自称「ＳＮＳパルチザン(＊)」。

いつもハーモニーのパソコンの前にいて、最新のニュースを伝えてくれます。それだけでなくインターネットで世界の情報をつかんでは、自分の意見を世界に発信しているのです。原子力発電や憲法改正など、国の大事な問題について自分の意見を猛烈なスピードでネットに書き込むのです。

チキンカツさんの目下の心配事は沖縄の普天間基地移設問題。２０１８年３月現在、名護市辺野古への移設が日米両政府の合意のもと進められています。チキンカツさんは、辺野古の埋め立てにかかわる環境への影響が心配でなりません。ミーティングでは「ジュゴンだってすんでるんですよ……」と悲しそうに報告しています。

そんなわけで、今日もパチパチとキーボードを打つ音をハーモニーに響かせながら、ネットで反対署名を募っているのです。

＊パルチザン……党員。仲間。

ぼ

僕が大金持ちというのはウソ　金があったら叶姉妹《かのう》とお付き合いしてます

大仏さんが言います。

僕はね、どこかの外国で生まれて、その後日本に来て今の母に拾われて育ちました。僕には不思議な力があって、僕が行くお店は儲かったり、業績が上がったりするもんだから、みんな僕を味方にしたがる。子どもでさえ僕がディズニーランドを持っているから「結婚してほしい」って言うんです。そんなことがあるはずないのに。とはいっても、僕はビル・ゲイツの息子のような気もするんだ。いやいや、やっぱり母に似てる気もするからね。妄想かもしれないな。

僕が大金持ちだっていう噂を流す人もいて「金をくれ」とせがまれることもあります。誰かに恨まれてるんです。金なんてないのに。金があったら叶姉妹とお付き合いしてます。

まる「ま」

また来たぞ　バスの中が宇宙船

益山さんとバスに乗ると、不思議なことが起きます。

停留所が近づき、減速し始めると益山さんの身体がどんどん前に傾いていきます。「あ、倒れちゃう」と思った瞬間、益山さんはむくっと起き上がります。

発車するときは身体が後ろに傾いて、宇宙船が発射されるときの宇宙飛行士のように椅子に押しつけられています。立っているときは暴風にあおられているみたいに懸命に吊革につかまっています。

最初はふざけているのかと思いました。「G（重力）なんですよ」と益山さんは言います。バスがスピードを変えたりカーブを曲がったりするたび、身体が重力や遠心力を受け、あっちへ行ったりこっちへ行ったりするそうです。

「病気だと診断され、薬を飲み始めてからかもしれないな」と教えてくれました。

毎日、宇宙船に乗ってハーモニーに来ているんですね。

㊉ みんな私を見ている

世田谷の大学に通うMさんの話です。

高校3年生の体育祭で、中学生から夢だった選手宣誓をすることになりました。宣誓のときはみんなに背を向けているはずなのに、たくさんの目が見えたんです。そして、「何であんな奴が選手宣誓しているの？」「目立つタイプではないのに」と言われているような気がしました。それ以来、電車に乗っていても、駅で友達を待っているときも、人の目が常に気になります。

大学生になってもたくさんの目が向けられるのが怖くて下を向いていたのですが、ある日のスピーチで思い切って顔を上げてみました。そこには自分のことを見ている目はなかったんです。今でもたくさんの視線は感じますが、徐々に気にならなくなりました。

この絵札の中にいる私は穏やかに見えますが、実は内心怖いし震えています。平常心を装うことで、うまく付き合っているのかもしれません。

む

無駄だった　静岡は独立する
首都になんかなってやらない

益山さんは、郷里の静岡を愛しています。

何年か前のこと、「東京のインチキ警察に情報を操作され、静岡の真の姿が隠蔽《いんぺい》された」と話していました。彼は、密かに静岡市を日本の首都にするための活動を続けてきました。喫煙室で叫んだり、詩作をしたり、静岡の高層ビルランキングが掲載されたチラシを配ったり（『新・幻聴妄想かるた』参照）。そして月日は流れ、静岡の地に40年ぶりに降り立った益山さんが目にしたのは、三軒茶屋よりも小さなビル群でした。それは静岡が超近代的な大都市に変貌していると思っていた益山さんには信じがたいことでした。

翌日、益山さんから手紙が届きました。それは30年後の日本の姿を予告するものでした。

「時は２０５０年。ついに静岡が日本国から独立したのだ。全世界が戦争の危機を脱し、情勢が安定したこの時期を静岡は見逃さなかった。東京では成り上がり者たちが悪の組織に担がれ、都会人づらをしている。彼らの静岡に対する情報のねつ造は続く。しかし、もうどうでもよい。独立したのだ！　一応、日本国とは国交は断絶しないが貿易は一切停止した。彼らには精密機械や工業製品、トイレットペーパーが手に入らなくなるのは大打撃になるだろうが、知ったことではない。新国名は『静岡市国』！」

大変だ。トイレットペーパーがなくなるぞ！

私とハーモニー④
線引きを薄くし混在させる、居心地の良さ
黒瀬憲司［ハーモニー職員］

美大を中退し、ふらふらとしていた私に「暇なら手伝わない?」と声を掛けてくれたのは、施設長の新澤さんでした。そこからスタッフになって3年目になります。大学やイベントなど訪れた先で参加者の方が描いたかるた札を、編集するのが、ハーモニーでの私の最初の仕事でした。「幻聴妄想みんなのかるた」は一枚一枚がどれも魅力的でその作業はとても楽しい時間でした。札の中には声が聞こえたり、ある考えが頭から離れないなど、幻聴妄想のような体験の札が多くありました。ただ、かるたで見れば私達とハーモニーメンバーの間に大きな差はないなと感じたのを覚えています。

ハーモニーという場には、「障害者」と「健常者」や「利用者」と「スタッフ」などの世間が引いた様々な線引きを薄くして混在させていく、不思議な居心地の良さがあります。それはかるたを通じて様々な人を受け入れてきた土壌があるからなのかなと思っています。福祉に関する知識もなく、経験もない自分がハーモニーに居続けられるのも、ハーモニーの懐の広さやいい意味での線引きの曖昧さがあったからだと実感しています。

くろせ・けんじ／ 2016 年より現職。ハーモニーでは主に創作的活動や調理などの仕事を担当。

め 目を閉じて　夢の中にも　天井画

こちらも90頁と同様、「上田假奈代×ハーモニー『幻聴妄想みんなのかるた』」のイベントでできたものです。東京・世田谷にある豪徳寺の、普段は法事にしか使わない畳の部屋を特別に貸していただき開催しました。当日は雪が積もっていて足元が悪かったのですが、定員をはるかに超えた人数が集いました。

「天井画」という言葉を書いた方は「イタリアの大聖堂の天井画を思い浮かべた」とのこと。また絵札は、なんとも目力のあるワイルドな絵画ができ上がり「言葉からイメージした天井画と、絵に描かれた天井画のイメージが異なり、人がイメージするものって全然違うんだな」という感想もありました。3人で言葉を紡いで一つの読み札をつくり、さらに別の3人が絵を描く。いろいろな方の気持ちが映し出された札です。

も

猛烈な疲れで見えるガラスの光
ごはんを食べてなんとか回復

益山さんの、少しストレスの多かった日の夜の話です。

薬の飲み忘れもあったのかな。不思議なものが見えました。視野にひびが入ったような感じになったのです。ちょうどガラス窓が割れたみたいに。世界がバラバラになったかのように見えたんです。びっくりして「落ち着け、落ち着け」と自分に言い聞かせました。

「栄養が足りてないのかも」と思いました。前にも同じようなことがあって、食べたら治ったのを思い出しました。それで今回も食べてみたら、だんだんとひび割れは消えていきました。ただ、今もその後遺症で片目の下の方に銀色の光があるんです。ああ、でも今日は消えていますね。またそんなふうになったら、早めに休んでご飯を食べるようにしようと思います。同じ症状の人がいたら教えてあげたいです。ご飯を食べるのは大事ですよって。

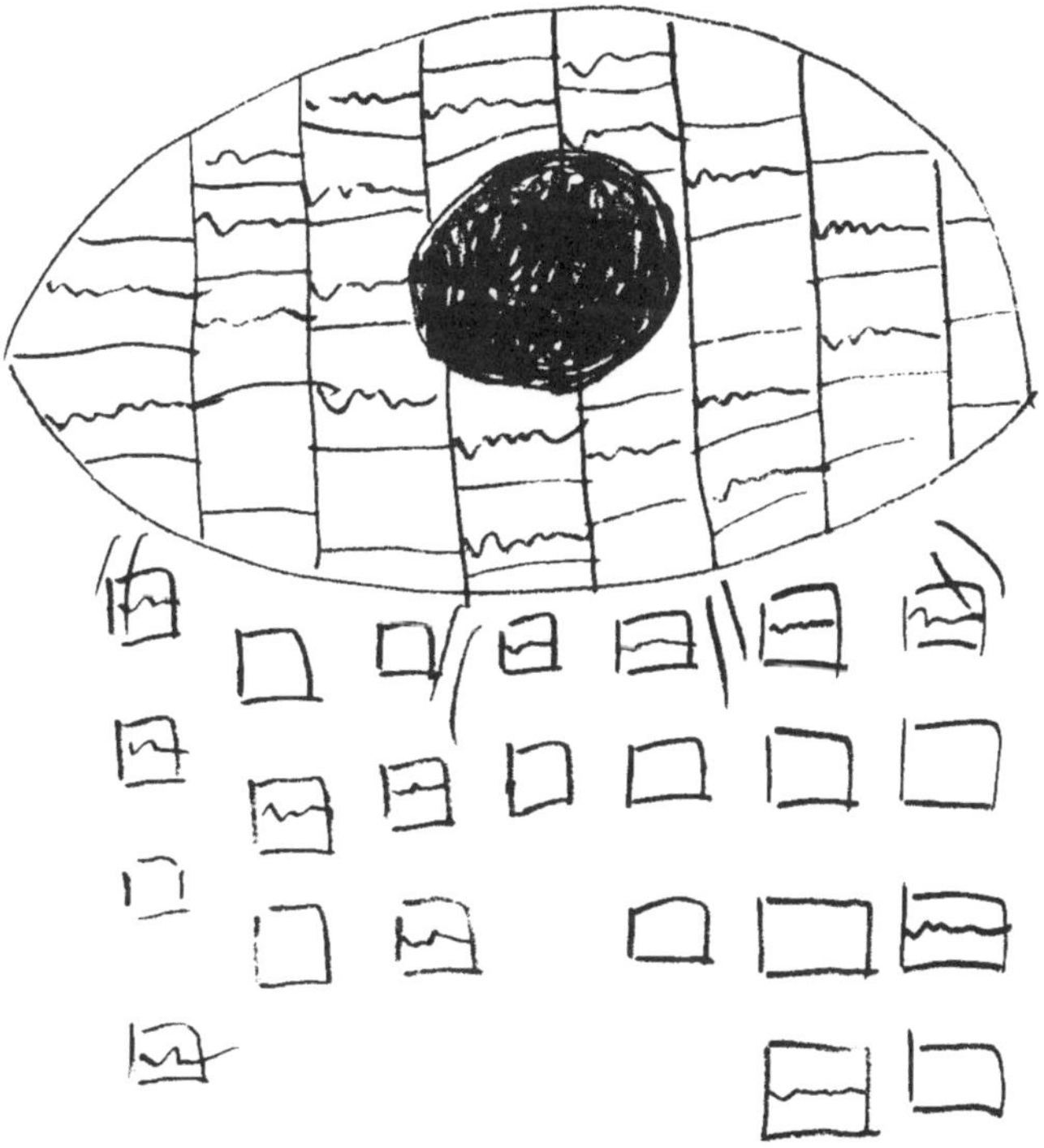

や　やまゆり園　事件前に伝えたかった　牧場に行って人間になってください

２０１６年の７月、神奈川県相模原市の障害者支援施設「津久井やまゆり園」に元職員が侵入し、19人の入居者の命が奪われるという事件が起きました。

ミーティング（35頁）でこのことについてみんなで話しました。

「殺《や》られたら、痛いからイヤだなあ」

「一人ひとりがかけがえのない命。それを奪うのは許せない」

「たしかに彼のしたことは悪いことだし、病気のせいもあるかもしれないけれど、社会全体が病んでいる気もするんだ。病気と言われていない人の中にも、彼のような『障害者は死んでいい』というような考え方をする人がいると思う」

「フェイスブックでもそういう書き込みを見たよ。正気なのか病的なのかわからないけれど。怖いね」

「私たちもいない方がいいと思われてるのかなあ」

「犯行前に2〜3週間入院していたらしい。入院期間が短かすぎない？」

「というか、退院後、事件が起きるまで、彼を誰かが支援しなかったのかな」

「生活保護のワーカーとか、保健師が、普通は通院しろって言うよね。野放し状態？」

「この人は本当に病気だったの？」

「『治療』できる人なのかな」

「病気だから処罰されなくていいとは思わないよ」

「僕たちも『精神病は怖い』という目で見られてしまうのかな」


「事件を起こす前の犯人に出会ったら、みんなは犯人に何を伝えたいですか」というお題で言葉を考え、絵をつけてかるたにしました。これは、その中の1枚です。

みなさんならば何を伝えますか？

ゆ 夢で会えた父さん　眠剤のおかげかな

たかさんのお父さんが、長い闘病の末に亡くなったのは冬の頃でした。

眠剤が変わったからでしょうか。たかさんは亡きお父さんの夢を見るようになりました。夢で２人が出かけたのは多摩川のボートレース場。良く晴れた青空の下、２人で舟券を買ったり、ご飯を食べたりしました。夢の中ではお父さんは50代、たかさんは20代。楽しくてうれしい夢でした。

仕事中の事故でたかさんが手にけがをして働けなくなったとき、お父さんがボートレース場に連れていってくれたことがあったそうです。仕事一途だったお父さんと出かけた数少ない思い出。けがで元気のないたかさんを案じたのか、お父さんは舟券のお金もすべて出してくれました。

いくつもの睡眠薬をもらっているたかさんですが、会いたかったお父さんの夢を見られる薬も悪くないな、と思うのです。

よ ヨセフが言った「カミサマ、シンジル、ダイジョウブ」

諸星さんが古いアパートに住んでいた頃の話です。

そのアパートは最寄り駅から20分。表通りから1本入っただけですが、裏がうっそうとした藪になっていて、そこに大家さんの家もありました。諸星さんはというと、4畳半に2千冊の本を平積みにしていました。夏には蝉時雨が、秋には鈴虫の声でにぎやかでした。調子を崩したときは虫が身体から這い出てくるような幻覚も見えましたが、ドアの隙間から本当にアリやダンゴ虫が侵入してくることもありました。住んでいる人も不思議な人ばかり。時々、おじいさんの叫び声が聞こえたり、偽物の警察手帳を見せて訪ねてくる人、ノースリーブのシャツに短パンを履きポニーテールに結んだマッチョなおじさんなど、さまざまな人と遭遇しました。子どものいるインド人や国籍のわからない人もいました。

あるとき、二つ隣の部屋の郵便受けに「アッサム・ヨセフ」という名前を見つけました。数日後、玄関先でヨセフさんに遭遇しました。それでしどろもどろになり、とっさに自分の心の病のことを話してしまったのです。ヨセフさんは、ちょっと困ったように、あしらうかのように「カミサマ、シンジル、ダイジョウブ」と言って部屋の中に入っていきました。

諸星さんはその後、転居しました。今でもどうしてあんな話を初対面の外国の人にしたのか、自分の気持ちを思い出すことはできないそうです。そのアパートでの日々は、見捨てられた地の果ての出来事のようでもあり、反面、自由で気ままだった気もして、思い出すと不思議な気持ちになるそうです。

ら LINE鳴り　携帯見るが　通知なし

駒澤大学の学生が書いた1枚。

同大学の佐藤光正先生に声をかけていただいて、10年ほど前から授業で出張かるた大会をやっています。最近は50人以上の教室でかるた大会をして、講義のあと、学生にも自分の体験をかるたに書いてもらっています。この札は２０１５年に学生さんが書いたもの。

「ＬＩＮＥが鳴った音がして、携帯を見たけれど通知はなくて、鳴ってないのに鳴った気がする。携帯依存症です」と話していました。「幻聴」というと、聞こえるのは人の声だと思われる場合も多いのですが、実は耳鳴りのような高周波音や機械音が聞こえることもあります。そのほかにも「なんでだろう　自分の耳に　音楽が聞こえてくる。小さい頃、自分の耳の中でゲームの効果音が時々聞こえてくることがありました」と書いた学生もいました。

り　リュックに手を突っ込んだ人がいると調子が悪くなる

たかさんが言います。

僕のマネをしてるんじゃないか、と気になるんです。僕にはリュックの中に持ち物をたくさん入れて、ゴソゴソと財布や本を探す癖があるのです。それはそれでいいのですが、同じことを僕の目の前でする人がいるのは困ったものです。

この前も、ハーモニーを出ると男の人が近づいてきて、リュックの中に手を入れてゴソゴソやり始めたんですよ。嫌な感じなんです。わざわざ近づいてこなくてもいいのに。初めて精神科にかかったときも、人にマネされることが多かったです。

みなさん、僕の前でリュックに手を突っ込んで、探し物をしないでくださいね。

る 留守中の旦那の本に へのへのもへじ

平和《たいらなごみ》さんの夫の諸星さんは本が好きです。

私より本の方が好きなんじゃないか、と平さんは疑っています。なにしろ夫は独身の頃、4畳半の部屋の真ん中に2千冊の本を積み上げ、自分は台所に寝ていた人です。

彼はリュックと紙袋に本を詰め込み、30キロほどの重さはあったと思いますが、それらを持ってハーモニーにやってくることもあります。どうしてそんなに本を持って歩くのか、平さんにはわかりませんでした。「私と河合隼雄《かわいはやお》、どっちが好きなの!?」と詰め寄ることもありました。理不尽だ、と平さんは思っています。

そこで平さんは反撃に出ました。本の扉にボールペンで「へのへのもへじ」を描いてやったのです。それも大きく。涙ぐんでいる夫を見ながら「次は、どの本に描いてやろうかな」と、ほくそえんでいる平さんです。

れ 冷蔵庫にある盗聴器から　僕の発明が盗まれたんです

小川さんが20代の頃の話です。

高校の先生にしきりに「新しい冷蔵庫を買わないか」と勧められ、大きい冷蔵庫を買ったことがありました。それから不思議なことが続きました。どうもわが家のことを外の人たちが知っているのです。その頃、僕は光ファイバーの発明で有名だったので「小川んちを盗聴すると金になるぞ」と誰かが思ったらしく、冷蔵庫に盗聴器がついていたんです。

当時の恋人に電話して、「写ルンです」の話をしたことがあります。フィルムが内蔵された使い捨てカメラです。あれを発明したのは僕なんですよ。子どもの頃に見た、フィルム内蔵の子ども用のカメラやカートリッジタイプのカメラにヒントを得て、「プラスチックの箱にレンズを付けてフィルムを内蔵させた使い捨てカメラは売れるよ」と電話で恋人に言いました。いいフィルムをつくっているので、富士フイルムから出すのがいいね。その一部始終を冷蔵庫の盗聴器から聞いていた高校の先生が、富士フイルムに話して「写ルンです」ができたようなんです。その後、銀座に行ったらカメラ屋のワゴンに積まれた「写ルンです」

を見つけて一つ買って帰りました。
そんなわけで「写ルンです」の発明をしましたが、一銭ももらってませんよ。でもいいんです。盗聴器があるのを知っていてワザと情報を漏らしてつくらせたんですから。めでたし、めでたしです。

私とハーモニー⑤

苦痛やつらさはサンショウウオとなって

雨貝覚樹［高野山真言宗僧侶］

ハーモニーの新澤氏が登壇したトークイベントに参加したことがきっかけでハーモニー訪問の機会を得、その後かるた制作にも参加させていただいた。ハーモニーのみなさんの内なるつらさや悩みがかるた作りを通して外在化、共有化され、絵を描き創造されていく過程にかるた本来の「遊び」の軽やかさとの融合を感じ、救いを見出した。

ハーモニーでの活動や「幻聴妄想かるた」を知ったことで、私自身の内面に変化が生じた。具体的には、私の日記の記述がこれまでに比べて非常に映像的になったという点である。

さて、おそらく精神病者には精神疾患そのもののつらさや、病からもたらされる幻聴や妄想により生じる恐怖や苦痛があると思う。私のイメージでは、その苦痛やつらさ、恐怖などはどろどろとした澱《よど》みのようなものであるが、それが水辺に導かれ漱《すす》がれることでナメクジのようなものになり、やがて手足を生じ、両生類となり清流のなかでサンショウウオとして生き生きと生きる。私にとって救いに満ち生命感のある映像が「幻聴妄想かるた」制作過程を通して誕生する。

あまがい・かくじゅ／若き僧侶として日々こころの問題に触れるなかで、ハーモニーの活動に興味を持っている。

ろ 『ローマの休日』に出てきそうな家内

やすかたさん（＊）が教えてくれました。

「『ろ』の札がないからどうしよう」って新澤さんが言うから『ローマの休日』って言っただけで、うちの家内はオードリー・ヘプバーンには似てないんですよ。でも、いい映画ですよね。実家にいた頃、テレビで何度も見ました。中学校の頃かな。母も洋画が好きで、母が「いいのやってるよ！」と呼びに来てくれて、それで見たんです。きっと、ゴールデン洋画劇場かな。

私の家内はどちらかというと、フジテレビのアナウンサーの生野陽子《しょうのようこ》さんに似ていますよ。お花の先生をやっているんですが、流派はよくわからない。彼女はカトリックなのでカトリックの教えに従って結婚したんです。

＊やすかたさん……ハーモニーの知性派の一人。トラディショナルな着こなしがおしゃれ。

わ 私が犯人捜す！ 美術館の厨房に迷い込んだ世田谷事件

久美子さんが入院したときの話です。

世田谷で一家が殺されてしまう事件がありました。久美子さんは当時、仕事をしていました。いろいろな駅に事件のポスターが張ってあって、通勤の時にどうしても、目に入ってしまう。乗り換えのたびに見ているうちに無視できなくなりました。だんだん怖くなり、実家のお風呂場に鍵をかけ、家族も入らせず震えていました。

そうしているうちに、「これは、私がなんとかしなくちゃ」と気持ちが高ぶってきたんです。家から飛びだして、事件の犯人を自分で捜しまわりました。「世田谷美術館にレストランがあるんですけど、その厨房に迷い込んだりして。怪しい捜査官ですよね」。

あるとき近所の役所の机で文房具を並べていたら、警官が来て「何やってるんですか」と聞かれました。だから「私のことなんか気にしないで、あのひどい事件の犯人捕まえてくださいよ！」って強く言ったら、パトカーで病院に連れられて入院になってしまったんです。事件からもう15年以上経つんですね。早く解決してほしいです。

事件から17年経った、冬のある日のことです。その事件で妹さん一家を失った入江杏《いりえあん》さんがハーモニーを訪ねてこられました。入江さんは事件後、グリーフケアの啓発、グリーフサポートの普及に務め、悲しみに寄り添う活動を行っています。事件によって愛する妹さん家族を失った杏さんと、事件が病気のきっかけになった久美子さん。事件によって、それぞれの人生は大きく変わらざるを得ませんでした。17年の時を経て、笑顔で言葉を交わしている2人はとても穏やかでした。

久美子さんは、「泣きそうな複雑な気持ちだった。私は事件がなくても発病していたかもしれないけど、杏さんの気持ちを思ったら泣いたら申し訳ないなあと思った。でも、なんだかホッとした。会えて良かった」と話してくれました。

を

薬をいつも4日分　大きな地震が来たときから★

東日本大震災が起きたとき、のんこさんは世田谷にある関東中央病院にいたそうです。のんこさんはびっくりして動けなくなりました。不安なときに飲む頓服薬をもらっているのに、そんなときに限って持っていませんでした。今でもどうやって帰宅したかの記憶がないそうです。本当に怖かったのですね。

それからは、外出するときには精神科の薬を4日分くらい持ち歩くようにしていると言います。それを聞いたえつこさんが「私もやってます。処方された薬を全部このくらいの袋に入れていて、すぐに持ち歩けるようにしてますよ」とバレーボールくらいの大きさに手を広げて言いました。みんなそれぞれ工夫しているものです。備えあれば、憂いなし。

㊅ ん!? いつのまにか散らかっている

２０１５年、埼玉県立近代美術館で開催された「すごいぞ、これは！」展の関連イベントとして、ハーモニーはかるた大会とワークショップをしました。そのときの１枚。ご夫婦でみえていた女性が書いた札です。

床にアザラシのキャラクター「しろたん」のぬいぐるみがあり、ぬいぐるみの話をしたら恥ずかしそうに、こう話されました。「ほんとに気がつかないうちに散らかっちゃって、夫に怒られるんですよ」。メガネをかけた優しそうなパートナーも「ほんとに片付かないんですよ」とほほ笑んでいらっしゃいました。

絵札では結構プンプン怒っているのに、とても穏やかそうなパートナーでした。

bear

対談

みんなの誰にも言えない話をかるたにする

上田假奈代［詩人・詩業家］×新澤克憲［ハーモニー施設長］

上田假奈代［うえだ・かなよ］

1969年奈良県生まれ。詩人・詩業家。NPO法人こえとことばとこころの部屋（ココルーム）代表。1992年から詩のワークショップを手がける。2003年に「ココルーム」を立ち上げ「表現と自律と仕事と社会」をテーマに社会と表現の関わりを探る。2008年から大阪市西成区（通称・釜ヶ崎）で喫茶店のふりをしながら活動。2016年に移転し、「ゲストハウスとカフェと庭 ココルーム」を開く。2014年度文化庁芸術選奨文部科学大臣新人賞。著書に『釜ヶ崎で表現の場をつくる喫茶店、ココルーム』（フィルムアート社）。

ハーモニーが2004年頃より各地で開催している「つくってみようみんなのかるた」は、参加した人たちの体験をかるたにするワークショップ。大阪・西成《にしなり》でNPO法人こえとことばとこころの部屋ココルームを運営し、活動を続ける詩人の上田假奈代氏をゲストに迎え、2018年2月2日に東京・世田谷の豪徳寺にて「つくってみようみんなのかるた」の特別バージョンを開催。イベント後に新澤克憲と対談を行った。共通点の多い2人が、誰にも言えない話をかるたという形で表現すること、そして人と関わりながら場所を続けていくことなどを語った。

誰にも話せなかったことが、別の物語になる

——本日のイベントは大盛況でしたね。まず、上田さんから今回のイベントで生まれたかるたをご紹介いただきます。

新澤　今日はインフルエンザで欠席してしまいすみません……。いかがでしたか？

上田　前半のハーモニーのみなさんによる「幻聴妄想かるた大会」では、メンバーたちのエピソード解説や、読み上げでなく読み札をジェスチャーで想像して取る、などとても楽しい時間でした。そのあと私の合作かるたワークショップに続く流れも良かったです。事前に新澤さんとご相談して決めたのですが、まず参加者に「人生で一度も話していないことを思い浮かべて、それを5文字で表現してください」と紙を配るところからかるたづくりをスタートしました。

新澤　その5文字は参加者のなかでシャッフルさ

れ、誰かが書いた5文字に次の7文字を加え、シャッフルしてさらに5文字を加える。最終的には3人で一つの五七五をつくるという假奈代さんが普段されているワークショップを、今回はかるたづくりという形式でコラボレーションしていただきましたね。

上田　面白いのは誰かの「一度も話していない」最初の5文字の物語が、最後には全く違う物語になっていくのです。いくつか読みますね。

「けものみち　うなじにかおる　微炭酸」（絵1）

新澤　絵もいいですね（笑）。絵も3人で描いたんですか？

上田　3人なんですけれど、必ずしもこの句をつくった3人とは限らないんです。

「かえり道　葉酸がいい　病院坂」（絵2）

絵を見ると妊婦の女性が鼻歌を歌いながら軽やかに家路につくところですかね。これも面白いですよ。

「ぼくの上　晴れわたる空　下着だけど」

新澤　最初の二つは繋がっているけれど最後が（笑）。

上田　これもいいんですよ。

「おとうさん　白菜畑に　ブロッコリ」

なんだか愛らしくて、お父さんへの愛がにじみ出ていると、ほかの参加者がほめていらっしゃいました。

新澤　すてきですね。

上田　新澤さんは、いつも最初に「すてきですね」とほめてくださるんですよね。

新澤　そうですか？　意識したことはなかったです。

上田　すてきな口癖だと思います。実は参加者のみなさんにも新澤さんの口癖を紹介し、かるたの句ができたあとは、みなさんで褒め合っていただきました。つい「私にはわからない」で終わってしまうと、そこで溝が生まれてしまうんですよね。どうにかこうにか「いいですね」と口にすると、歩み寄れる。そういう言葉はとても大事だと思うんです。

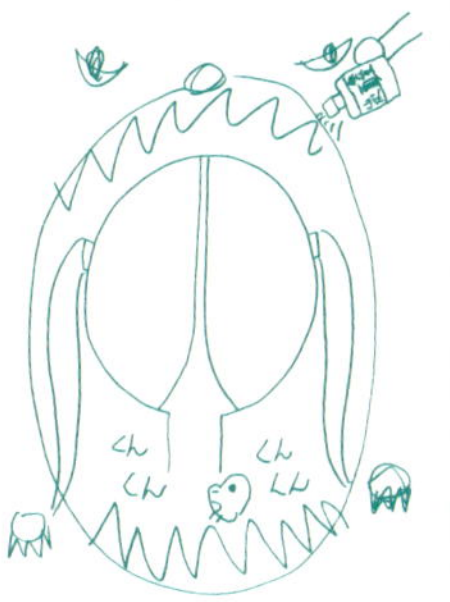

絵1

絵2

ミーティングから生まれた「かるた」

——ハーモニーの毎週水曜のミーティングでは、人になかなか話せなかった体験を共有し、そこから「幻聴妄想かるた」が生まれました。みんなが認めてくれるから、言葉にできるということなのでしょうか。

新澤　はい。病気になって以降、働くことが難しくなったり、人間関係で苦労したりした人たちがハーモニーにたどり着いて何年も一緒に過ごす。だんだん仲良くもなるのだけれどなかなか認め合えないことも多い。だんだん「仕方ないなあ」と思い始める。ここではお互いを「認める」というのは、限りなく「あきらめる」にも近いのです。相手が毎日毎日同じ妄想を語っている。「うるさいなあ。でも、仕方ないなあ」。そうして初めて同じ場所にいることができる。開き直りがスタートで、でも折角ならば少しでも面白いことを見つけようかと(笑)。でもなかなかいい策がない。「劇団」という形も考えましたが、セリフを覚えられないので諦めて。かるたが生まれたのは、半ば瀬戸際のやけっぱち状態だったんです。

上田　そんなぎりぎりの状態で生まれたものだったんですね。よくわかります。私がやっている「ココルーム(＊)」は喫茶店のふりをしています。オープンした2000年代の初めはまだ「発達障害」や「ニート」といった言葉が話題になる前ですが、そういった方々がココルームにやって来てはへんてこな発言をし、困ったこともありました。ただ、その人たちがここに来られること自体が尊いと思い、そのへんてこな発言を私たち自身が楽しんで、それを伝えられたらいい。そう思うようになりました。

何かのニュースで『幻聴妄想かるた』が紹介されているのを見て「これだ!」と思い、すぐ注文したのを覚えています。

新澤　そうだったんですね。ありがとうございます。

上田　「幻聴妄想かるた」には短い言葉がもつ余剰や可能性、それがよく表れているなあ、と思います。なんせ幻聴や妄想だから含みが多いんですよね。そしてかるたは声に出し、それをパンっと押さえる行為。それがいろんな力を持っていると思いました。1人ではなくて誰かと一緒に遊ぶ。それもいいです。「幻聴妄想かるた」に触発されて、ココルームでも、よく来てくれるおじさんたちの思い込みや口癖が面白いのでかるたをつくったんですよ。おじさんの言葉が声に出されて、みんなと共有されることが喜びになりました。

新澤　「俺のはこれだよ」とか、かるたが名刺代わりになるんですよね。

居やすい場所づくりを続けていく

――お2人は、地域に開かれた場を運営しているという共通点がありますが、「場」をもつことに対する思いを教えていただけますか。

上田　人生は「出会い」で変わります。ココルームは「出会い」と「表現」の場をつくりたいと思い、始めました。なぜ「表現」かというと、表現できることは、そこに「居やすい」ということではないか、と思うのです。新澤さんはご自身やスタッフだけではなく、一緒にいるみなさんとともに「居やすい」場所をつくっていらっしゃる。それが言葉の端々やハーモニーの空気に表れていると思います。

新澤　僕は支援者として経験や知識は豊富ではないけれど、人が集まれる場があることが誇れることかなと思っています。ひとりの問題を僕一人が抱えこむ必要がなく、場に投げ出しても大丈夫だという場への信頼感があります。実は現代の「支援」の仕組みは一人ひとりを孤独にしてしまうのではないかと思っています。一人ひとりを切り離して、「それはあなたの問題だから」と支援プランをつくってしまう。もともと世の中は持ちつ持たれつなのに。切り離し孤独な戦いを強いることが自立を促すことだと勘違いしていないか、ということは思います。自立できず治らなくても、仲間に会ってご飯を食べて、その日を過ごすことはできるのです。なんだかうまくいかないけれどみんなと笑っているうちに悩みも忘れちゃうね、というような、ハーモニーはそんな場でありたいです。假奈代さんの「喫茶店のふり」のように、ハーモニーも「福祉施設のふり」をしているのでしょうね。

上田　人生はひとりではどうにもならないものですよね。それなのに現制度の「支援プラン」は、一人ひとりに問題を委ねるものになっていて、私も怒りさえ覚えることがあります。関わり合って生きることは尊いと思いますし、私自身もそういうありようを生きていきたいと思っています。そのためにココルームを仕事に選びました。でも、ココルームは何の制度にも乗らなくて、実際お金は1円もついてきません。飲食してもお金を払わない人もいます。耐え切れないほどのしんどい出来事も何度かあり、そのたびにココルームをやめるか、続けるかという選択を迫られました。でも「もう少しこの先に何が

2018年2月2日、豪徳寺（東京・世田谷）で開催したワークショップ「上田假奈代×ハーモニー『幻聴妄想みんなのかるた』」の参加者たちと。

あるかを試してみたい」と、いつも後者を選んできた。ただそのときに関係を絶たなければいけない人もいます。けれど何年か経って出会い直すこともあることもわかってきました。仕事にするということと、人間として関わり合って生きていくことをどのように重ね合わせるかが難しいなと思います。

新澤　ハーモニーでも出会い直した人が何人もいます。決定的なことを言わずにふわっと別れるとまた会えるんですよね。すべてを許容するのではなく、時には線を引く役割も担っていると思います。

僕も辞めてしまいたいと思ったことは何度もありますね。なぜか辞めない。なぜだろう（笑）。ホントに稀になんですが、興奮した人にうまく対応してあげられなくて、怪我をして帰ることがありました。唇が腫れあがって家に帰ると息子がいる。まだ子どもの彼にその状況をどのように説明すればいいのか。最初は「君は気にしなくていい」と言っていましたが、最近はそのまま言うことしています。彼も学校で理不尽な出来事を経験したり、場合によっては痛い思いをさせられることもある。子どもたちのいる世界もハーモニーもすべては地続きなんですよね。実はみんな同じところにいる。場所を替えても同じかもしれない、自分の場所で覚悟を決めるしかないと。假奈代さんはどのようにご自身を保っていらっしゃるのですか。

上田　釜ヶ崎は、自分が居やすい場所なんです。

新澤　自分が居やすいのは大事ですよね。場所をつくるとき、専門と技術を持っているだけでは必ず破綻がくる。自分もそのなかの一員という前提で場づくりをしたほうがいい、と私も思います。

——今回のワークショップをきっかけにまたコラボレーションもできそうですね。

上田　いつものワークショップでは始めの5文字はその場で決めています。たとえば「今日は雪が降ったから雪をテーマにしよう」とか。今回のように「誰にも話せなかったこと」と言われると人生を走馬灯のように思い出し、入れられるのはたった5文字というのが面白いですね（笑）。誰かの言いたくなかった話に、妄想を二つ、三つとくっつけていく感じになりました。機会があればぜひまたやってみたいです。

新澤　5文字のなかには誰かの大変なことが込められているかもしれない。それを思いやりながら、壊さないように、でも最終的には面白い五七五に仕上げる。それが面白いですね。ぜひ何かの形で続けたいです。

上田　絵を描くのも良かったです。打ち合わせなしでも、案外スムーズに役割分担をされて3人で描かれていました。今度はハーモニーの人と一緒につくってみたいです。

新澤　水曜日に来ていただけたらいつでもできます。ぜひやりましょう！

聞き手：米津いつか／構成：佐藤恵美

＊ココルーム……上田氏は2003年に大阪・新世界で「ココルーム」を立ち上げ、舞台発表のできる喫茶店を始め、翌年法人化する。2008年日雇い労働者のまちで知られる大阪・西成区の釜ヶ崎に移転し、喫茶店のふりを続ける。2016年に同地域で「ゲストハウスとカフェと庭 ココルーム」を開設。この一連の場所や活動のことを「ココルーム」と呼ぶ。

寄稿

和気あいあいの他人事

自分で描いているわけではない！

伊藤亜紗［美学者］

２０１８年３月22日、初めてハーモニーを訪問した。折しも『超・幻聴妄想かるた』の制作中。メンバーたちが和気あいあいと一つの机を囲んで、かるたの札となる絵に色を塗っているところだった。

紫色の火の玉のような斑点をバックに「大丈夫」と語りかけるヨセフ、うさぎの耳をつかんで戸を叩く笑顔満点の三角帽男、網膜のような網目にうかぶ「ＪＯＫＥ」の文字とリモコンを操作する手……。どれもがタロットカードのような謎めいた雰囲気を秘めていて、その隠された意味を訊ねずにはいられない。「えっと、この男はなぜ顔が赤いんですか？」。

だが意味を訊ねているうちに、意外なことが明らかになった。必ずしも、自分で自分の幻聴妄想経験を描いているわけではないのである。質問しても、返ってくる答えは「そうねえ、何となく赤だと思ったんだよね」といった調子。自分で自分の経験を絵にしているメンバーもいるのだが、文字通り「作業」として（かるた作りは工賃が出る）他のメンバーの絵に色を塗っている人や、そもそも誰の経験だか深く意識せず描いていたりする人が多いのである。色つけだけでなく、もとの下絵も必ずしも自分で描いているわけではないようだ。

「幻聴妄想かるた」のことを聞いたとき、私はてっきり、幻聴や妄想に振り回されている本人が、自分の経験を外在化して分析するために、絵を描くものだと思い込んでいた。「箱庭療法」と同じようなものをイメージしていたのである。だが、ここで絵が果たしている役割はどうやらそうではないらしい。自己分析のためではないのだ。

個人的な経験の共有——言葉と絵の違い

ではいったい何のため？　施設長の新澤さんの話をうかがううちに、その意味が少しずつわかってきた。ハーモニーでは、ミーティングでお互いの幻聴や妄想について語り合うということが日常的に行われている。新澤さん曰く、「個人情報を意図的に漏洩《ろうえい》させる」。同じ話が何度も繰り返されることも多いだろうし、お互いに質問しあうから次第に深く共有されていくだろう。幻聴や妄想というきわめて個人的な経験が、いつのまにか、ハーモニーの誰もが知っている昔話のようなステイタスを獲得する。

個人的な経験がみんなに共有されるというのは、本人にとってとても安心できる状態だろう。実際、共有されることで幻聴や妄想そのものに変化が生じた、というケースもあるようだ。

　だがそれを絵にするというのは、単なる共有とは次元の違う話だ。言葉として、しかも会話の中である経験が紹介されているかぎり、話の内容は流動的に変化しうるし、いくらでも修正がきく。けれども絵は決定的だ。幻聴や妄想の経験が、「想像する対象」ではなく「見る対象」に、そして「存在する対象」になってしまう。「百聞は一見にしかず」ではないが、見たものは強力な説得力を持つことになる。

　そうするとこんなことが起こるのではないか。たとえば、「池を泳いでいくとお姫様に会える」という幻聴を聴いた人がいたとしよう。その池のお姫様の姿を、別の誰かが絵に描く。ところがはて、本人が聴いているのはあくまで声だけであって、お姫様の姿を見たわけではない。見たわけではないその姿が、他の誰かの手によって、ありありと紙の上にあらわれる。その姿を見た本人は、幻聴の中の存在だったそのお姫様と、初めて「ご対面」することになるのではないか――。

当事者の「硬直」に穴を開ける

　実は似たような「ご対面」を、私も最近経験した。私は1年半ほど前から、さまざまな当事者にインタビューをしながら、吃音についての研究をつづけている。そもそもの研究の発端は、私自身に吃音があることだ。ふだん体や感覚のことを専門に研究しているので、いつか自分の体と言葉の関係についても研究したいな、と思っていたのだ。

だが研究者であろうがなかろうが、自分の身に起こっていることを相対化して、研究の対象にしようというのは容易なことではない。他の当事者の話を聞いて勉強になることはたくさんあったものの、どこか自分の経験にきちんとフォーカスを当てられないまま、ずるずると研究期間がすぎようとしていた。

そしていよいよ研究の成果を1冊の本にまとめる段階になって、三好愛さんという素晴らしいイラストレーターが、私の本のために表紙の絵を描いてくれることになった。絵は、本文の中にあった「どもるとは、言葉の代わりに体が伝わってしまうということ」という記述をヒントに描かれたもの。女の子の口から小さな女の子の体がにゅるっと飛び出している。

「あ、どもるってこういうことなのか」。それまでどうしても向き合うことのできなかった自分の「どもる」と、なぜかそのとき初めて対面したような気がしたのである。

三好さんの絵は、リアリティを基準に考えるなら、私の吃音経験の生々しさからははるかに程遠い。当事者というのは、自分の経験のディテールにこだわってしまいがちだが、三好さんの絵からは、そうした情報がごっそり抜け落ちている。もちろん三好さんは手抜きをして細部を落としたのではなかったが、そのスタンスは明らかに当事者から距離がある。だがおそらくこの距離が、私に「ご対面」の驚きを与えてくれたのではないか。

つまり三好さんの絵は、当事者本人にはどうやっても描けなさそうな絵なのである。そのときに気づいたのは、相手に共感するような対話的な関係だけでなく、距離のある他人事のような関係にも、当事者の硬直した状況に穴を開ける力があるのではないか、ということだ。同じ立場に立って考えてくれる人の存在も重要だが、川の向こう岸からマイペースに声をかけてくるような人の存在も、同じくらい重要である。熱心なカウンセリングが救えるものもあるが、偶然引いたおみくじに言い当てられることもある。

新澤さんによれば、描かれたかるたは、その後名刺の役割を果たすことがあるそうだ。つまり、初対面の人と自分の経験について人に話題にするためのツールになるのである。それはまさに、この絵が、自分の経験を三人称で語ることを助けているということを意味している。和気あいあいとした他人事の関わりが、意外な仕方で、個人が外へ出て行くための「顔」を与えてくれる。

伊藤亜紗［いとう・あさ］
1979年東京都生まれ。東京工業大学リベラルアーツ研究教育院准教授。専門は、美学、現代アート。2010年に東京大学大学院人文社会系研究科基礎文化研究美学芸術学専門分野を単位取得のうえ、退学。同年、同大学にて博士号を取得（文学）。2013年より現職。著書に『目の見えない人は世界をどう見ているのか』（光文社、2015年）、『目の見えないアスリートの身体論』（潮出版、2016年）、『どもる体』（医学書院、2018年）など。

おわりに

かるたづくりは体験をミーティングで披露し、自分をその場に開くことから始まります。その場にいる仲間やゲストが絵に描き、本人は見たことがないものも可視化されたりします。短い言葉になり人の手で可視化された「体験」は、元のものからは遠ざかっているのかもしれません。

しかし、そうであるからこそ束の間、人につらさを委ね一息つける遊びの部分が「幻聴妄想かるた」にはある気がします。メンバーたちも、楽しみながらこのかるたを作りました。だからと言うのもおかしいのですが、このかるたはぜひとも楽しく遊んでいただきたいと思っています。

感謝の言葉を贈りたい方は数えきれません。ずっと応援いただいている佐藤光正さん、嶋守さやかさん、ナカガワエリさんと即興楽団UDje( )。今回のかるた制作にあたり、ミーティングに参加し、絵を描いてくださった入江杏さん、田中みさよさん、テンギョウ・クラさん、水谷緑さん、他のみなさん。明治大学の横田雅弘先生とゼミ生のみなさん。ワークショップでは、大阪から来てくださった上田假奈代さんと、会場を提供いただいた大谿山《だいけいざん》豪徳寺。今は亡き憲さんとさやちゃんのお２人を含め、多数のボランティアとハーモニーの友人の皆さん。寄稿いただいた伊藤亜紗さん、六車由実さん、深澤孝史さん、雨貝覚樹さん。素敵なお言葉をいただいた谷川俊太郎さん。そして、かるたと冊子、そしてそれらのセットの実質三つの制作という多岐にわたる作業をエネルギッシュに進めてくださった編集の米津いつかさん、佐藤恵美さんとデザイナーのライラ・カセムさん。

最後に、ハーモニーのイベントにも来ていただく機会も多い水谷みつるさんの「困難を表現すること——個にとっての重みに辿り着くために」（＊）という文章の結びを紹介します。

障害や疾患や困難を得て苦労したからといって、別に成長しなくてもいい。「よく」ならなくてもいい。嫌な部分、困った部分が残ったままでいい。ただ、抱えているわけのわからないものを何らか表現して、一息ついて、人や世界とどこかでつながって、生きていければいい。そうすれば、もうちょっと表現を続けようかと——つまりは、自分とかかわり、世界とかかわることを諦めずに続けようかと——たとえ消極的にでも思えるようになる、かもしれない。それが表現することの帰着点であり、原点になると思う。

この言葉が、困難に満ちた世界にあって、表現に向かう仲間たちとそれを支えたいと願う仲間たちに届くことを祈っています。ハーモニーの次の活動に向かう原点も、きっとここにあると信じています。

２０１８年５月
新澤克憲

＊全国自死遺族総合支援センターウェブサイトより　http://www.izoku-center.or.jp/bereaved/experience.html
（初出：『α－Synodos』VOL.193［特集：支援とアート］、２０１６年４月１日）

超・幻聴妄想かるた

2018年6月1日発行

著者
新澤克憲＋就労継続支援B型事業所ハーモニー

編集
佐藤恵美
米津いつか（ノマドプロダクション）

デザイン
ライラ・カセム

写真
齋藤陽道

イラスト
富樫悠紀子（P25、P68-P71、P148）

校閲
大澤啓德

印刷
株式会社シナノパブリッシングプレス

発行
特定非営利活動法人やっとこ
〒154-0017 東京都世田谷区世田谷3-4-1
アップビル2F
TEL&FAX 03-5477-3226
https://harmony.exblog.jp

※本書に掲載のエピソードから生まれた『超・幻聴妄想かるた』（読み札・絵札等、計96枚／本体：1,200円＋税）も別売り／セット売りにて販売。

ISBN978-4-909661-00-5 C0095

［著者プロフィール］

新澤克憲［しんざわ・かつのり］

ハーモニー施設長。1960年広島県生まれ。精神保健福祉士、介護福祉士。東京学芸大学教育学部卒業後、デイケアの職員や塾講師、職業技術専門校での木工修業を経て、1995年より現職。主な共著書に『ソーシャルアート：障害のある人とアートで社会を変える』（学芸出版社、2016年）ほか。

就労継続支援B型事業所ハーモニー

東京都世田谷区にあるスペース。リサイクルショップ、ものづくり、公園清掃ほかさまざまな仕事を行っている。現在、30人ほどが利用している（2018年）。1995年に精神障害のある人たちが集う「共同作業所ハーモニー」として開所。2006年にNPO法人化、2011年に現在の事業所の形に移行。利用者の体験を元に自主制作した『幻聴妄想かるた』が反響を呼び、医学書院から同年に出版。その後、2014年に『新・幻聴妄想かるた』を自費出版。

ハーモニーでは「幻聴妄想かるた」で遊んだり、メンバーの経験談を聞いたり、みなさんと一緒にかるたをつくったり、出張を行っています。予算に応じて内容は工夫します。お気軽にお問い合わせ下さい。

TEL & FAX: 03-5477-3225（ハーモニー）
Email: harmony_setagaya@ybb.ne.jp